McGRAW-HILL • LECTURA

Cuaderno de fonética/ Conciencia fonémica

Grado 2

McGraw-Hill School Division
New York Farmington

Contenido

Libro 1 • Unidad 1

Palabras con /l/ inicial y antes de consonante 1–4
Palabras con /s/ inicial y antes de consonante 5–8
Palabras con *b* 9–12
Palabras con *v* 13–16
Repaso acumulativo 17–20

Libro 1 • Unidad 2

Palabras con *j* y *g* 21–24
Diptongos 25–28
Palabras con *ca, co, cu, que, qui* 29–32
Palabras con *r* y *rr* 33–36
Repaso acumulativo 37–40

Libro 1 • Unidad 3

Palabras con *z* 41–44
Palabras con *y* 45–48
Palabras con *h* 49–52
Palabras con *ll* e *y* 53–56
Repaso acumulativo 57–60

Libro 2 • Unidad 1

Palabras con *ch* 61–64
Palabras con *ga, go, gu, gue, gui, güi* y *güe* 65–68
Palabras con *ca, co, cu, ka, ke, ki, ko* y *ku* 69–72
Palabras con *m* antes de *b* y *p* 73–76
Repaso acumulativo 77–80

Libro 2 • Unidad 2

Palabras con *bl* y *br* 81–84
Palabras con *gl* y *gr* 85–88

Palabras con *pl* y *pr* 89–92
Palabras con *fl* y *fr* 93–96
Repaso acumulativo 97–100

Libro 2 • Unidad 3

Palabras con *dr* y *tr* 101–104
Palabras con *x, w* y *k* 105–108
Palabras con *cl* y *cr* 109–112
Acento ortográfico 113–116
Repaso acumulativo 117–120

Nombre ______________________ Fecha ____________

Palabras con *l*

Encierra en un círculo el dibujo cuyo nombre empieza con la sílaba del recuadro.

1. la			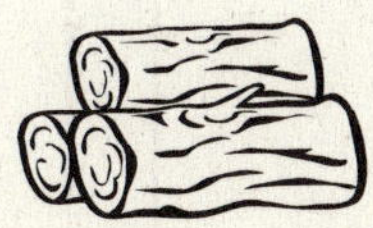	
2. li	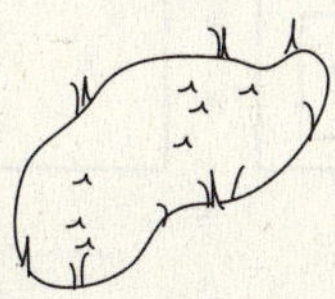	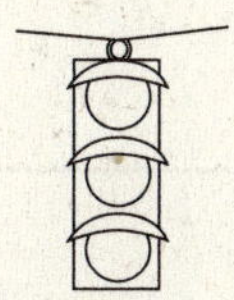		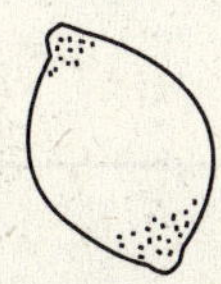
3. lu	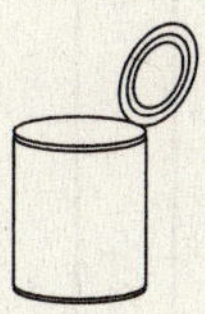			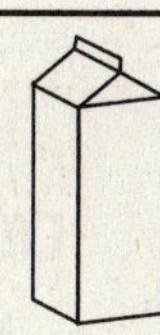
4. le	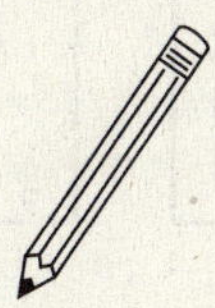			
5. lo	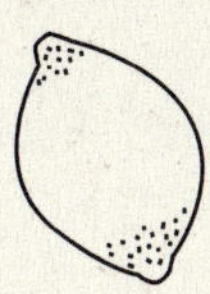			

Nombre ______________________ Fecha __________

Palabras con *l*

Lee las palabras. Encierra en un círculo la sílaba que sea igual a la del recuadro.

lado calado pila [la]	piloto lobo polo [lo]	leña sale veleta [le]
lima palito tulipán [li]	lupa Marilú peludo [lu]	pelado lata pala [la]

Nombre ______________________________ Fecha ____________

Palabras con /l/ antes de consonante

Encierra en un círculo el nombre del dibujo. Luego escribe la palabra.

1.  oler oso olmo ________________	**2.**  pelota alcachofa laguna ________________
3.  último juego día ________________	**4.**  cerdo lámpara alcancía ________________
5.  casa lobo alto ________________	**6.**  Elsa Pepe José ________________
7.  pato almedra loro ________________	**8.**  olfato gallo lobo ________________

Nombre ______________________________ Fecha ____________

Palabras con /l/ inicial y antes de consonante

Mira el dibujo. Encierra en un círculo la palabra que completa la oración. Luego escribe la palabra.

1. Duermo con dos ____________.
loros almohadas

2. El ____________ es mi flor favorita.
turrón tulipán

3. Mi cerdito es una ____________.
alcancía pájaro

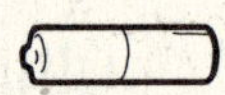

4. Lila tiene una ____________.
pila palo

5. La ____________ es blanca.
loro luna

6. Mi perro tiene buen ____________.
olfato oído

7. La ____________ va despacio.
loma mula

8. ____________ es mi mejor amiga.
Elvira Paco

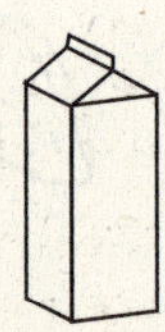

9. Me gusta la ____________ con chocolate.
lenta leche

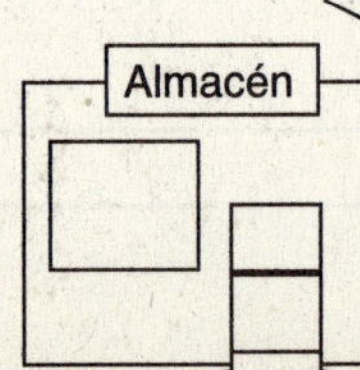

10. En el ____________ compro comida.
almacén alto

Nombre ______________________________ Fecha ____________

Palabras con *s*

Encierra en un círculo el dibujo cuyo nombre empieza con la sílaba del recuadro.

1. sa	70			7
2. si	60		6	
3. es		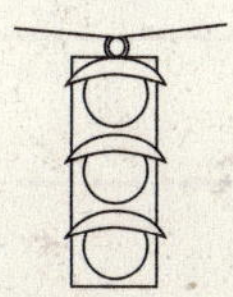		
4. se	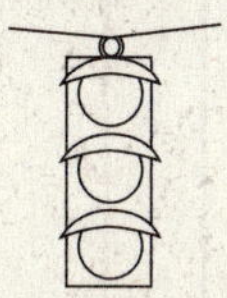	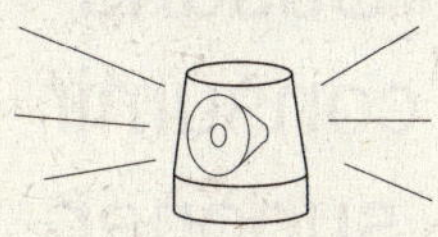		
5. so	2 + 2 = 4	7	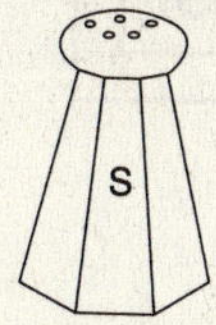	

Nombre ______________________ Fecha __________

Palabras con *s*

Lee las palabras. Encierra en un círculo la sílaba que sea igual a la del recuadro.

Susana pasa salada **sa**	sopa consomé paso **so**	cose semana peseta **se**
cosita silencio cosí **si**	Susana consumir suponer **su**	saco pasado pasa **sa**

Nombre ______________________________ Fecha ____________

Palabras con /s/ antes de consonante

Encierra en un círculo el nombre del dibujo. Luego escribe la palabra.

1. 

ido
igual
isla

____

2. 

amigo
asta
alto

____

3. 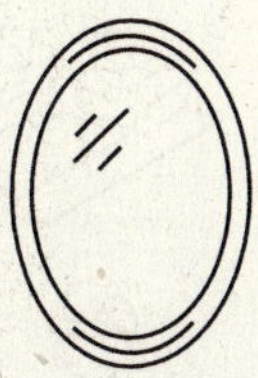

espejo
escudo
espada

____

4. 

áspero
astuto
asno

____

5. 

escuela
espejo
espuma

____

6. 

Óscar
Sonia
Silvia

____

7. 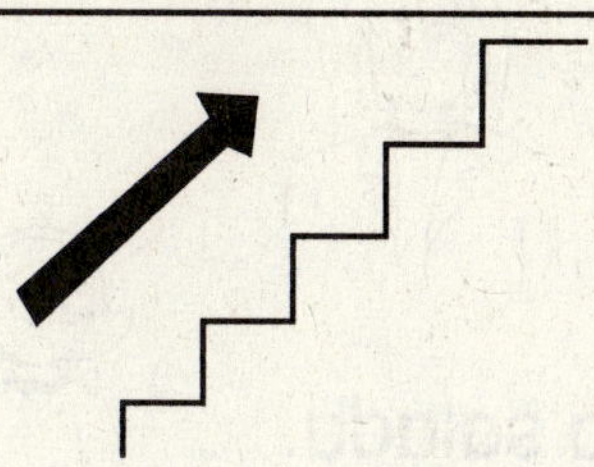

espalda
escalera
escena

____

8. 

escoba
espiga
escala

____

Nombre ______________________ Fecha ____________

Palabras con /s/ inicial y antes de consonante

Mira el dibujo. Encierra en un círculo la palabra que completa la oración. Luego escribe la palabra.

1. Hay dos autobuses en la ______________.
   espalda   estación

2. No me gusta la ______________.
   sopa   sola

3. Voy a la ______________ todas las semanas.
   espada   escuela

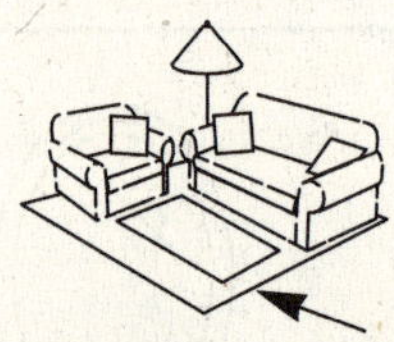

4. El ______________ de la sala está sucio.
   suelo   suela

5. Esta ______________ nada en el mar.
   sitio   sirena

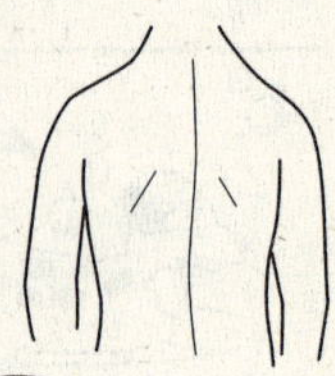

6. Me caí y me duele la ______________.
   espalda   espada

7. Vimos una ______________ en el desierto.
   seta   serpiente

8. Mi tía ______________ va a la escuela.
   Sofía   Sebastián

9. A Sara le da ______________ la comida salada.
   asco   asta

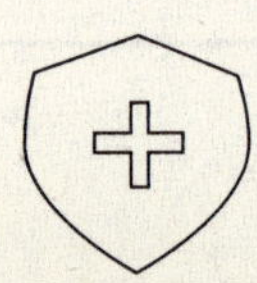

10. Los soldados usan ______________.
    escudos   escenas

/10

Nombre ______________________ Fecha ____________

Palabras con b

Escribe la sílaba que completa la palabra.

ba	be	bi	bo	bu

1. 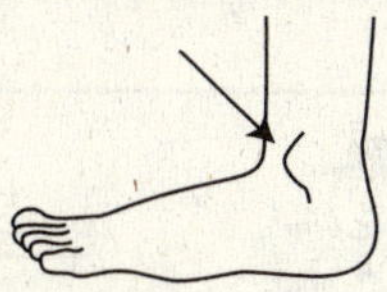 to ____ llo	2. 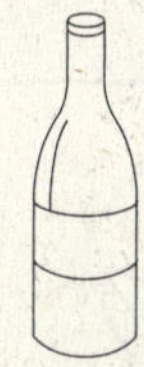 ____tella
3.  lo ____	4.  ____ cicleta
5.  ____ bida	6. 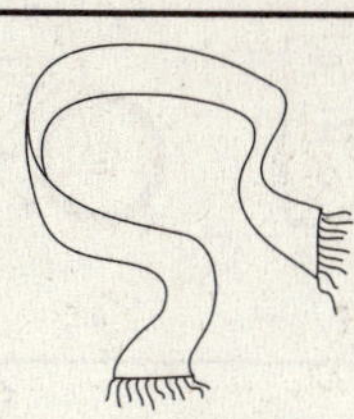 ____ fanda
7. 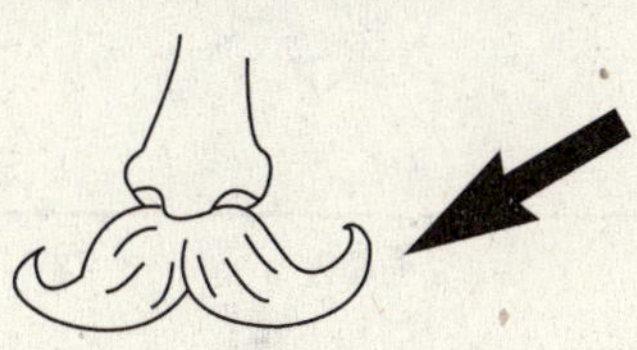 ____ gote	8. 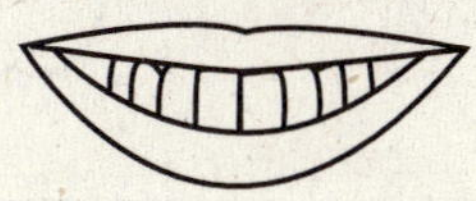 ____ ca
9.  a ____ nico	10. 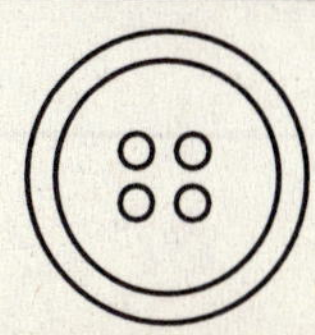 ____ tón

/10

Nombre ______________________ Fecha ____________

Palabras con *b*

Di el nombre de los dibujos de cada hilera. Encierra en un círculo los dibujos cuyos nombres empiecen con la misma sílaba.

1.

2.
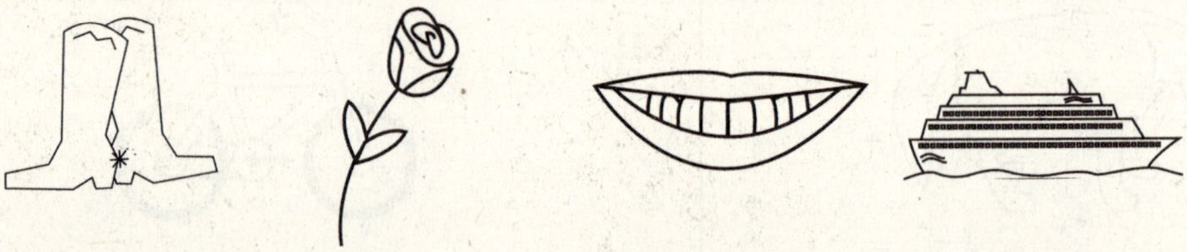

3.
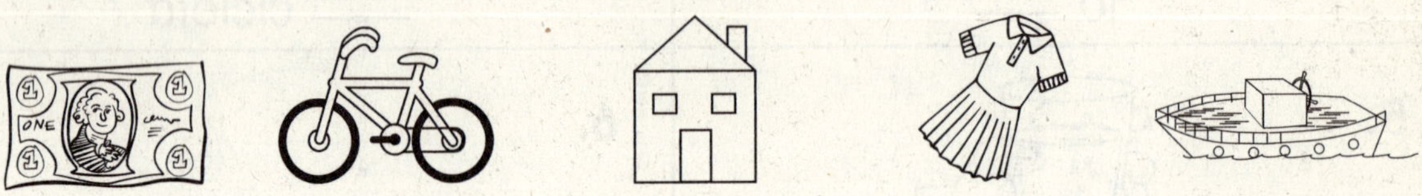

4.

5.

Nombre ______________________________ Fecha ____________

Palabras con b

Mira el dibujo. Encierra en un círculo la palabra que completa la oración. Luego escribe la palabra.

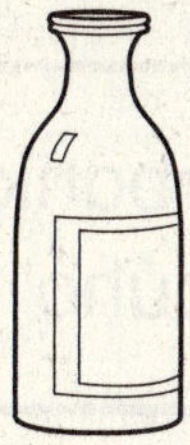

1. La ________________ tiene leche.
botella bola

2. El ________________ es de Ana.
beso bebé

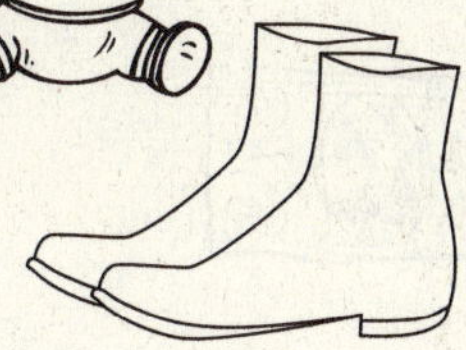

3. Pancho se pone las ________________.
botas bolsas

4. El ________________ está en el mar.
bote bate

5. Mamá tiene un ________________.
adiós abanico

6. La ________________ es de Manolo.
bola boca

7. El niño monta en ________________.
búho burro

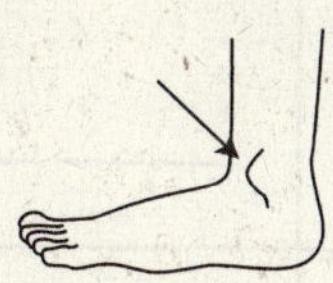

8. Me duele el ________________.
tobillo tocado

9. Me siento en la ________________.
busto butaca

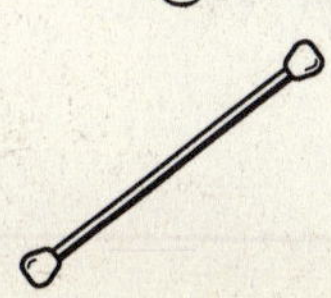

10. Sigue el ritmo de la ________________.
batuta barrio

Nombre ______________________ Fecha ____________

Palabras con b

Mira los dibujos. Luego escoge la palabra correcta del recuadro. Escribe la palabra.

bicicleta	botón	abanico	lobo	bigote	butaca
batuta	boca	búho	billete	burro	bebé

1.  ____________	2. 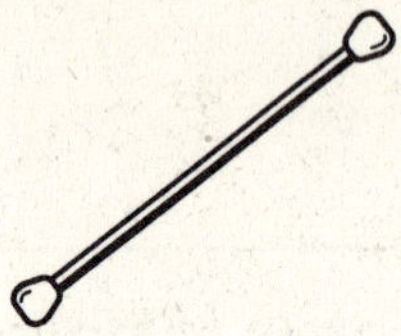 ____________	3.  ____________
4.  ____________	5.  ____________	6. 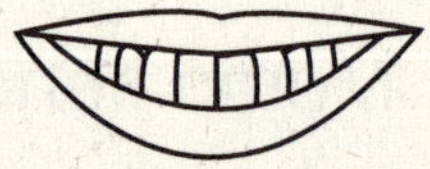 ____________
7.  ____________	8.  ____________	9.  ____________
10.  ____________	11.  ____________	12. 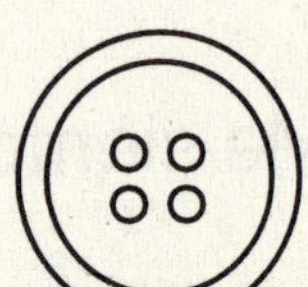 ____________

Nombre ______________________ Fecha __________

Palabras con v

Escribe las letras del recuadro que completan la palabra.

va	ve	vi	vo	vu

1. 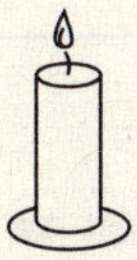

____ la

2. 

____ so

3. 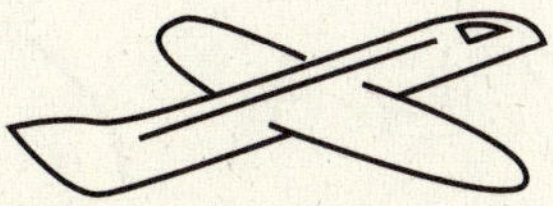

a ____ ón

4. 

pa ____

5. 

____ getal

6. 

____ nado

7. 

____ ento

8. 

____ lcán

9. 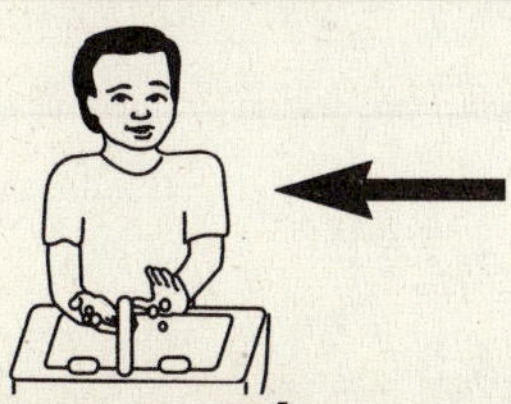

____ rón

10. 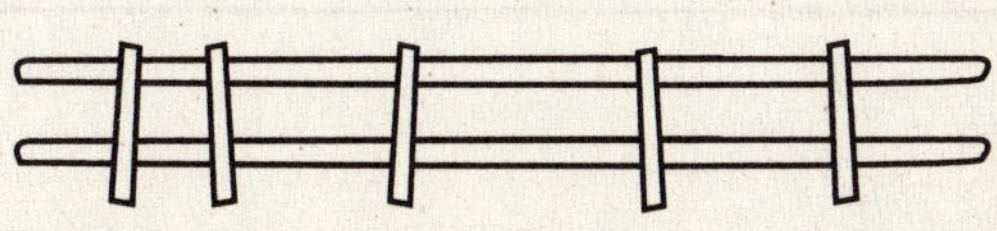

____ lla

Nombre ______________________________ Fecha ____________

Palabras con *v*

Di el nombre de los dibujos de cada hilera. Encierra en un círculo los dibujos cuyos nombres empiecen con la misma sílaba.

1.	ve	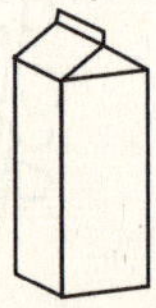		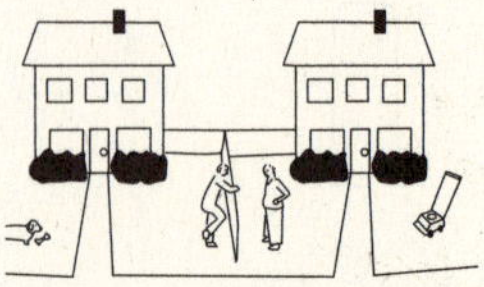	
2.	vi				
3.	vo			A E I O U	
4.	va				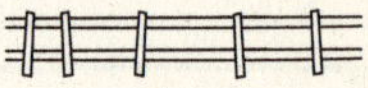
5.	ve	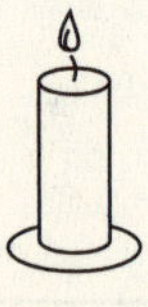	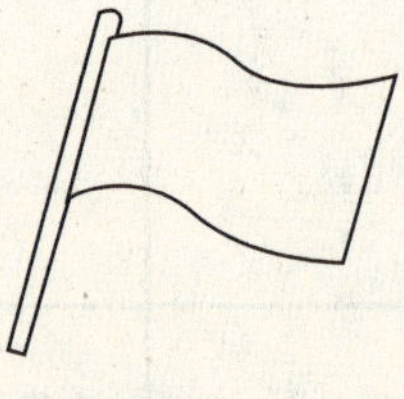		

Nombre ______________________________ Fecha ____________

Palabras con v

Mira el dibujo. Encierra en un círculo la palabra que completa la oración. Luego escribe la palabra.

1. El ______________ está encima de la mesa.
vasija vaso

2. Mi ______________ se llama Pepe.
vecino vello

3. Doy ______________ en el aire.
volteretas voz

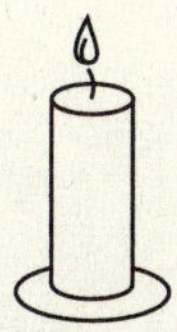

4. La ______________ se apaga.
venado vela

5. Tengo un ______________ en la playa.
venta velero

6. Pasamos por la ______________ del tren.
violín vía

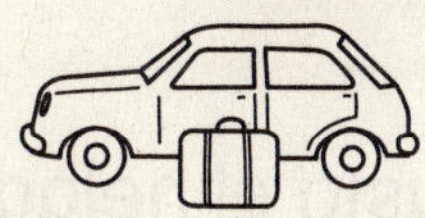

7. Fui de ______________ con mi mamá.
vista viaje

8. Toco el ______________ por la tarde.
violín viva

9. Las ______________ son la *a, e, i, o* y *u*.
volteo vocales

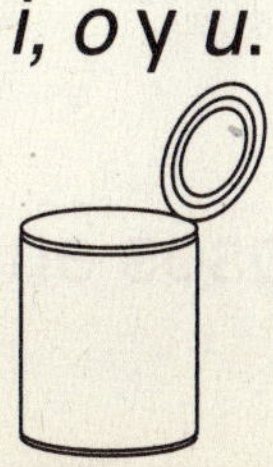

10. La lata está ______________.
vacía valla

Nombre ______________________ Fecha ____________

Palabras con v

Completa las oraciones con las palabras del recuadro.

vaca

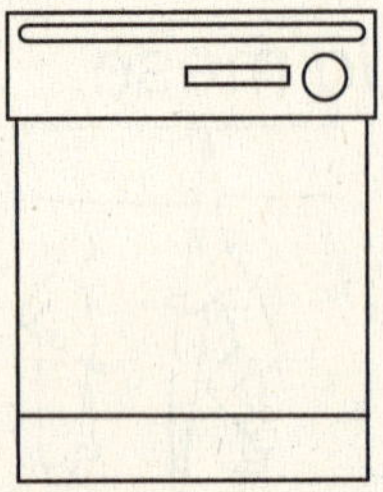
lavaplatos

vaso

Víctor

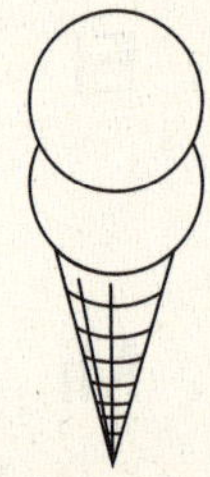
vainilla

1. Éste es mi amigo ____________.

2. El ____________ está vacío.

3. Me gusta el helado de ____________.

4. La ____________ vive en el campo.

5. Ponemos los vasos en el ____________.

Nombre ______________________________ Fecha ____________

Repasar palabras con *l, s, b* y *v*

Encierra en un círculo la palabra que resuelve cada adivinanza.

1. Es un pájaro y habla.
   loro   Lola   loca
2. Soy redonda y salgo por la noche.
   lupa   luna   lucero
3. Guardas el dinero en mí.
   alta   almuerzo   alcancía
4. Soy un animal como la rana.
   saco   salir   sapo
5. Sirvo para limpiar.
   estudio   estado   escoba
6. En mí te sientas.
   solo   sofá   sopa
7. Me tomas cuando te enfermas.
   áspero   astuto   aspirina
8. Estoy encima del labio y tengo pelo.
   bigote   billete   billón
9. Doy aire.
   alma   así   abanico
10. Cargo cosas.
    bolo   bolsa   boca

Nombre ______________________________ Fecha ____________

Repasar palabras con *l, s, b* y *v*

Di el nombre de cada dibujo. Busca su palabra correspondiente en el recuadro. Luego, escribe la palabra en el crucigrama.

pavo	bola	saco	lata	tobillo
viento	botas	lobo	escoba	avión

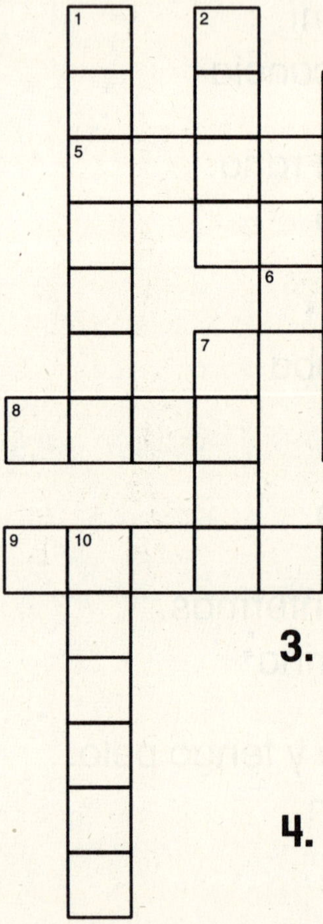

Horizontal

5. 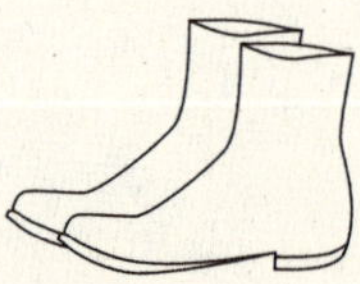

6. 

8. 

9. 

Vertical

1. 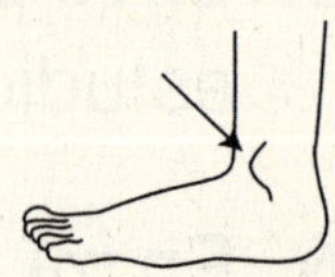

2. 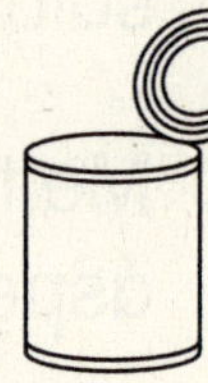

3. 

4. 

7. 

10. 

/10

Nombre ______________________________ Fecha __________

Repasar palabras con *l, s, b* y *v*

Encierra en un círculo el nombre del dibujo.

1. 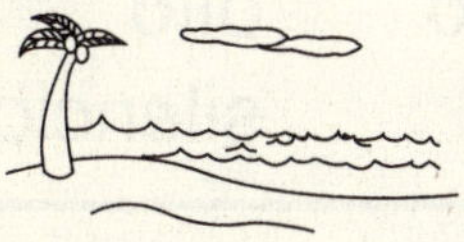 ido igual isla	**2.** 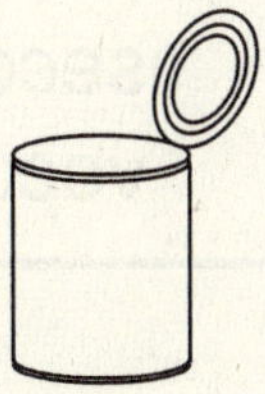 lata lana largo	**3.**  vaca vaso vasija
4. A E I O U voz volteo vocales	**5.**  Leticia lego león	**6.**  boca bola bolsa
7.  espalda escalera escena	**8.**  bote boda bolo	**9.**  seta seguro seco

Nombre ______________________________ Fecha ____________

Repasar palabras con *l, s, b* y *v*

Escribe la palabra opuesta.

último	salado	nuevo	seco	vacío	alto
luna	varón	bebé	vocal	luz	silencio

1. mojado ________________
2. anciano ________________
3. viejo ________________
4. mujer ________________
5. dulce ________________
6. consonante ________________
7. sol ________________
8. oscuridad ________________
9. primero ________________
10. ruido ________________
11. bajo ________________
12. lleno ________________

Nombre ______________________________ Fecha ______________

Palabras con *j*

Encierra en un círculo el dibujo cuyo nombre empieza con la sílaba del recuadro.

1. ja				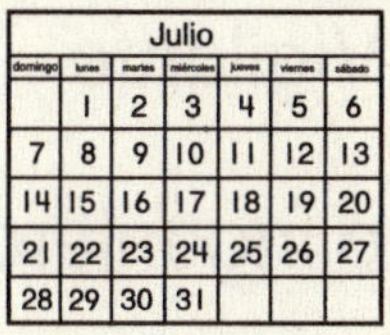
2. ji	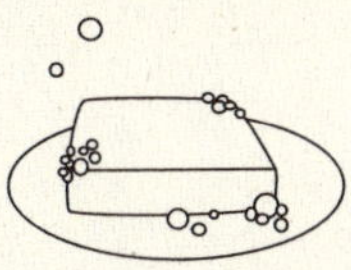		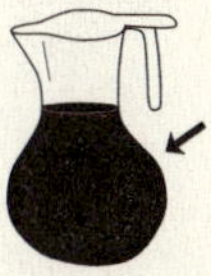	
3. ju				
4. je				
5. jo				

Nombre ______________________________ Fecha ____________

Palabras con *ge* y *gi*

Lee la rima. Luego escribe las palabras con ge y gi.

ge gi

Vigilante

o ingeniero.

General

o marinero.

Tú vigilas.

Él dirige.

Yo elegiré;

después me iré.

Palabras con *ge*	**Palabras con *gi***
1. ____________.	**1.** ____________.
2. ____________.	**2.** ____________.
3. ____________.	**3.** ____________.

Nombre ______________________________ Fecha ____________

Palabras con *j*, *ge* y *gi*

Lee las palabras. Encierra en un círculo la sílaba que sea igual a la del recuadro.

bruja jarabe abeja **ja**	debajo rojo jota **jo**
traje jefe ajeno **je**	Gema dirige geranio **ge**
jinete ají pajita **ji**	jugo juguete jueves **ju**
raja japonés jarabe **ja**	girasol vigilo imagino **gi**

Nombre ______________________ Fecha __________

Palabras con *j*, *ge* y *gi*

Encierra en un círculo el nombre del dibujo. Luego escribe la palabra.

1.  girasol rosa margarita ______________	2.  Jimena jabalí jirafa ______________
3. 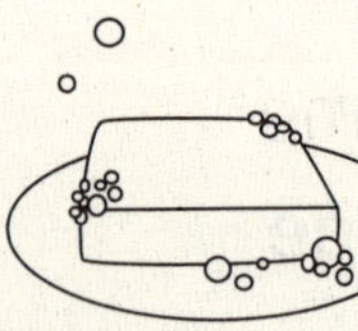 jalar jabón jamón ______________	4.  jabalí jarro jalea ______________
5. 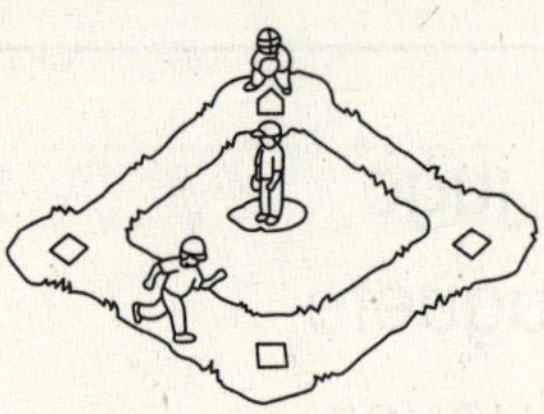 jugo Julio juego ______________	6.  Gema gemelos gente ______________
7.  pareja Pamela pájaro ______________	8. J joroba José jota ______________

Nombre ______________________ Fecha __________

Diptongos

Mira los dibujos. Luego escoge la palabra correcta del recuadro. Escribe la palabra.

Eugenio	labios	ciudad	ruido	abuela	camión
estudia	viaje	Diego	guardia	cuatro	oído

1.  ________	2.  ________	3. 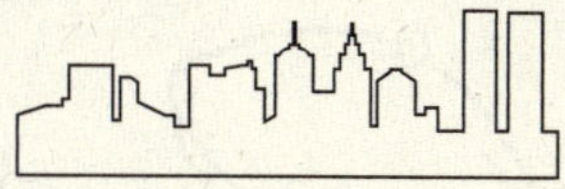 ________
4.  ________	5.  ________	6.  ________
7.  ________	8.  ________	9. 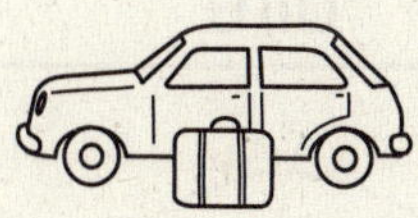 ________
10.  ________	11.  ________	12. 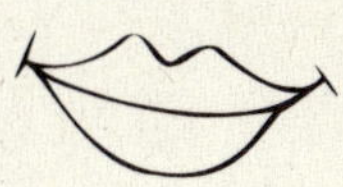 ________

Nombre ______________________________ Fecha ____________

Diptongos

Encierra en un círculo la palabra que contenga algún diptongo de arriba.

ai	ei	au	oi

 boina	 peine	 uva	 moneda
 abeja	 tela	 auto	 boina
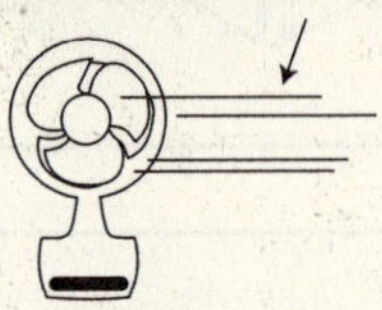 aire	 reina	 burbujas	 agua
 caimán	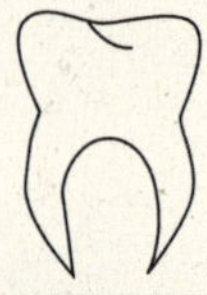 diente	 Paula	 oigo

Nombre ______________________ Fecha __________

Diptongos

Completa las oraciones con las palabras del recuadro.

aceite	soy	auto	voy	reina
baile	tiene	boina	neumático	hay

1. Pon ______________ en la ensalada y pon agua al jugo.
2. El ______________ viejo está parado.
3. ______________ dos niños en el patio.
4. El ______________ del auto no tiene aire.
5. La ______________ tiene un palacio muy limpio.
6. ______________ al mercado con mi papá.
7. El niño fue al ______________ de salsa.
8. ______________ su maestro.
9. Mi ______________ me da calor en la cabeza.
10. Cada colmena ______________ una abeja reina.

10

Nombre ______________________________ Fecha ____________

Diptongos

Empareja las adivinanzas con su palabra correspondiente. Luego encierra en un círculo el diptongo.

Vivo en el agua y en la tierra. Soy un...	peine caimán
Si me usas no pasarás frío en la cabeza Soy una...	boina reina
El auto no anda si le falto a un neumático. Soy el...	baile aire

Nombre ______________________________ Fecha ____________

Palabras con *c* y *q*

Encierra en un círculo el dibujo cuyo nombre tiene la sílaba del recuadro.

1. ca				
2. qui				
3. cu				
4. que			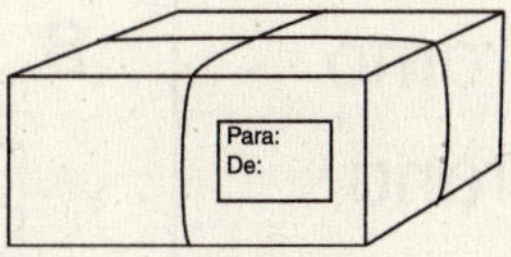	
5. co		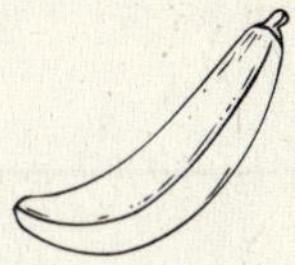		

Nombre ______________________ Fecha __________

Palabras con *ca, co, cu, que, qui*

Encierra en un círculo el nombre del dibujo. Luego escribe la palabra.

1.  esqueleto esquimal esquina	2. 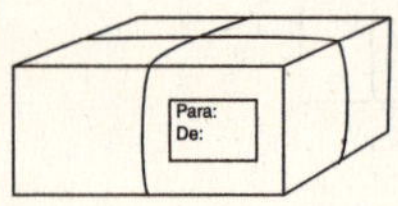 pequeños parque paquete	3.  cubo cuna curo
4. 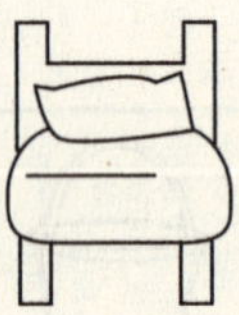 carta cama casa	5.  cosa coco copa	6.  cosa coco cola
7.  ramo rana raqueta	8. 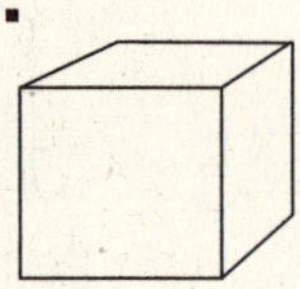 cubo cuido Cucú	9.  coro como coso

Nombre ______________________ Fecha ____________

Palabras con *ca, co, cu, que, qui*

Completa las oraciones con las palabras del recuadro.

queso	periquito	quiero	Quique	camina
Consuelo	cuentos	capa	colores	cuarto

1. Mi mejor amiga se llama ______________.
2. Voy a casa a las siete menos ______________.
3. En la jaula hay un ______________.
4. La reina lleva una ______________ de oro.
5. Pintamos los cuadros con diferentes ______________.
6. Siempre ______________ jugar al voleibol.
7. Mi hermana ______________ de la escuela a la casa.
8. Me gusta comer ______________ en la merienda.
9. Mi hermano ______________ y yo jugamos fútbol los sábados.
10. Hay muchos ______________ en la escuela.

___ /10

Nombre ______________________________ Fecha ____________

Palabras con *ca, co, cu, que, qui*

Empareja las adivinanzas con su palabra correspondiente. Luego encierra en un círculo las sílabas con ca, co, cu, que y qui.

1. La comida pasa primero por esta parte del cuerpo.	escalera
2. Se usa para subir a sitios altos.	cuchara
3. Se usa para comer la sopa.	quejarse
4. Alguien que nació en Cuba.	coces
5. Las mulas dan estas patadas con sus patas.	boca
6. El rey lleva esto en su cabeza.	maniquí
7. Cuando no estamos contentos con algo, hacemos esto.	corona
8. Algo que es chiquito.	líquido
9. En las tiendas visten a estos muñecos con ropa.	cubano
10. El agua que bebemos está en esta forma.	pequeño

Nombre ______________________ Fecha ____________

Escuchar el sonido /r/ fuerte en palabras con *r* y *rr*

Encierra en un círculo los dibujos cuyos nombres tengan *r* como en *Ramón* o *rr* como en *corro*.

Nombre ______________________________ Fecha ____________

Palabras con *r* y *rr*

Completa las oraciones con las palabras del recuadro.

carro	roca	tierra	rama	torre
remos	carril	río	carrusel	ruta

1. El ______________ tiene cuatro ruedas.
2. Las plantas necesitan luz, agua y ______________.
3. Se cayó una ______________ del árbol.
4. Todas las barcas tienen al menos dos ______________.
5. Nos perdimos por la ______________ hacia el sur.
6. Esta carretera tiene un solo ______________.
7. Encontramos una ______________ en el monte.
8. En el castillo había una ______________ muy antigua.
9. En este ______________ hay peces diferentes.
10. Me monté en el ______________ del parque.

Grado 2 ___ / 10

Nombre ______________________ Fecha ____________

Palabras con *r* y *rr*

Encierra en un círculo la palabra que completa la oración. Luego escribe la palabra.

1. Ramón quería tener un ____________.
   carro camina canta
2. Amarra el ____________ para que no corra.
   pero perro perico
3. Rosa cortó una ____________ del rosal.
   ropa roto rosa
4. Ayudé a ____________ con la escoba.
   barrer bajar bailar
5. Hay muchas uvas en la ____________.
   parte parra para
6. Oímos la noticia por la ____________.
   raja radio ramo
7. Me puse la ____________ de béisbol.
   goma gorra gota
8. Me da mucha ____________ ver al cómico.
   rico risa río
9. Las hojas de los árboles salen de las ____________.
   ramas rayas ratas
10. Al carro le falta una ____________.
    rueda ruido rugido

Nombre ______________________________ Fecha ____________

Palabras con *r* y *rr*

Lee la rima. Luego encierra en un círculo las palabras que riman.

Erre con erre, cigarra;
erre con erre, carril.
Mira qué rápido ruedan
las ruedas del ferrocarril.

¿Qué palabras riman? Enciérralas en un círculo.

1. carro carril barro
2. ramo rojo tramo
3. carrusel corre torre
4. parra torre garra
5. rabo rosa cosa
6. carril corre barril
7. rocío río roto
8. remota raja rota

Nombre ______________________________ Fecha ____________

Repasar diptongos y palabras con *j*, *k* y *r*

Encierra en un círculo la palabra que resuelve cada adivinanza.

1. Soy una letra.
   José jota joroba
2. Sirve para lavar las manos.
   jamón jalar jabón
3. Yo vigilo.
   visitar vigilante víbora
4. Soy la mamá de tu mamá.
   amor amiga abuela
5. Me bebes todos los días.
   adiós agua alto
6. Me utilizas en el pelo.
   peine pensar pera
7. Los bebés duermen en mí.
   cubo cuna cuervo
8. Le gusto a los ratones.
   queso quemar quedar
9. Me escribes y me mandas.
   casa cartel carta
10. Soy parecido al sapo.
    raja rana raspa

Nombre ______________________________ Fecha ____________

Repasar diptongos y palabras con *j*, *k* y *r*

Di el nombre de cada dibujo. Busca su palabra correspondiente en el recuadro. Luego, escribe la palabra en el crucigrama.

perro	queso	jardín	diente
ratón	aceite	girasol	casa

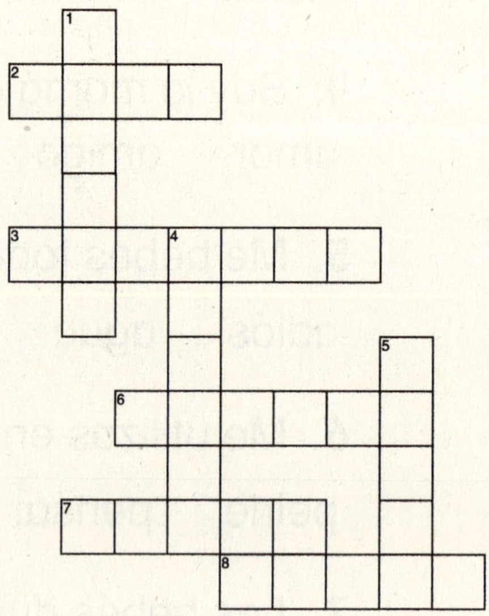

Horizontal

2. 

3. 

6. 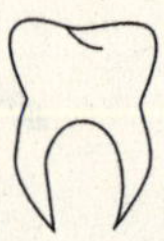

7. 

8. 

Vertical

1. 

4. 

5. 

Nombre ______________________________ Fecha __________

Repasar diptongos y palabras con *j, k* y *r*

Encierra en un círculo el nombre del dibujo.

1.  Javier jalar jardín	2.  jirafa jinete jilote	3. 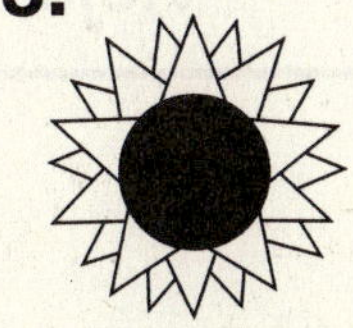 giro girasol gitano
4.  camión caimán capa	5.  recto reina remar	6.  autobús auto aurora
7.  cosa copa coco	8. 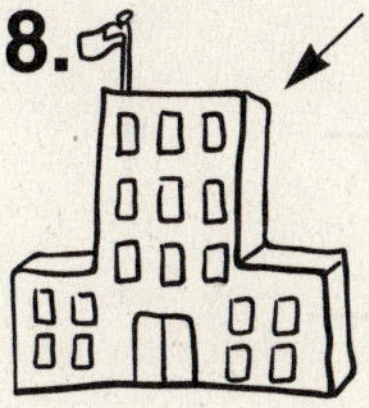 escuela España estela	9. 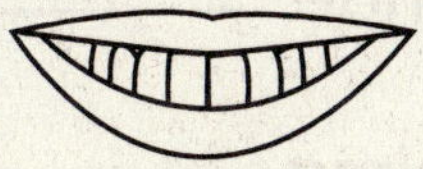 bola boca bolsa
10.  búho bulto burro	11.  risa río rima	12.  gota gorra gordo

Nombre ______________________________ Fecha ____________

Repasar diptongos y palabras con *j*, *k* y *r*

Escribe la palabra opuesta.

corre	jalar	rey	ajeno	líquido
girar	viejo	pequeño	debajo	rico

1. pobre ________________
2. anda ________________
3. reina ________________
4. sólido ________________
5. grande ________________
6. encima ________________
7. nuevo ________________
8. recto ________________
9. mío ________________
10. empujar ________________

/10

Nombre ______________________ Fecha ____________

Palabras con *z*

Encierra en un círculo el dibujo cuyo nombre tiene las letras del recuadro.

1. za	
2. uz	
3. zu	
4. ez	
5. zo	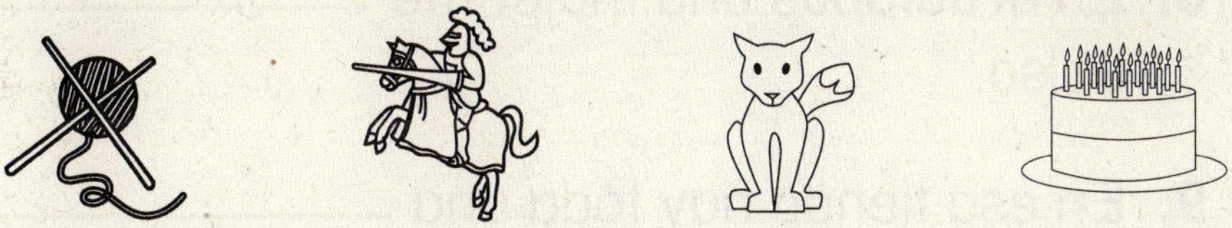

Nombre ______________________ Fecha ____________

Palabras con *z*

Completa las oraciones con las palabras del recuadro.

rozó	azteca	zona	diez	pedazo
cazador	taza	izquierda	azafata	azúcar

1. La ______________ del avión es trabajadora.
2. Necesito un ______________ de cartón para terminar mi maqueta.
3. La película era de un ______________ de animales.
4. Me gusta el jugo con ______________.
5. Tomo una ______________ de cereal.
6. En México vivió la cultura ______________.
7. Quedan ______________ días para las vacaciones.
8. En el autobús una mujer me ______________ con su bolsa.
9. En esa tienda hay toda una ______________ de juguetes.
10. Tuerce a la ______________ en el semáforo.

Nombre ______________________ Fecha __________

Palabras con *z*

Encierra en un círculo la palabra que completa la oración. Luego escribe la palabra.

1. El ______________ de las avejas me molestaba.
   zumo zumbido zurro
2. El ______________ rojo era el más bonito.
   pera perro pez
3. Los zapatos nuevos me ______________ mucho.
   rozan rompen roca
4. Hicimos un cartel en favor de la ______________.
   para parra paz
5. El perro comía mucho y era muy______________.
   panzudo pan pata
6. En el ______________ vimos muchos animales.
   zorrilla zona zoológico
7. Me llamo José y me apellido ______________.
   Lázaro Ana adiós
8. Mis colores preferidos son el ______________ y el verde.
   azul arado azúcar
9. Las ______________ se parecen a las moras.
   zarzamoras zapatillas zarpas
10. El cómico andaba con largos ______________.
    zarpas zancos zarandeos

/10

Nombre ______________________________ Fecha __________

Palabras con *z*

Empareja las adivinanzas con su palabra correspondiente. Luego encierra en un círculo las sílabas con *z*.

	Adivinanza	Palabra
1.	Soy un animal que caza conejos. Soy un …	pozo
2.	Somos un par, uno para cada pie. Somos los …	buzo
3.	Soy un sitio donde se guarda el agua. Soy un …	lazo
4.	Soy como un cordel que sirvo para atar regalos. Soy un …	zoológico
5.	Soy una persona que nada bajo el agua con tubos de aire. Soy un …	taza
6.	Soy redonda y tengo los ojos y la nariz. Soy la …	cabeza
7.	Sirvo para tener líquido. Soy una …	zapatos
8.	Soy una fruta. Soy roja. Soy una …	zumo
9.	Soy lo mismo que el jugo. Soy un …	manzana
10.	Soy un lugar donde hay muchos animales. Soy un …	zorro

Nombre ______________________ Fecha ____________

Escuchar el sonido /y/ en palabras con *y*

Di el nombre de cada dibujo. Encierra en un círculo los dibujos que tengan el sonido /y/.

1. 	**2.** 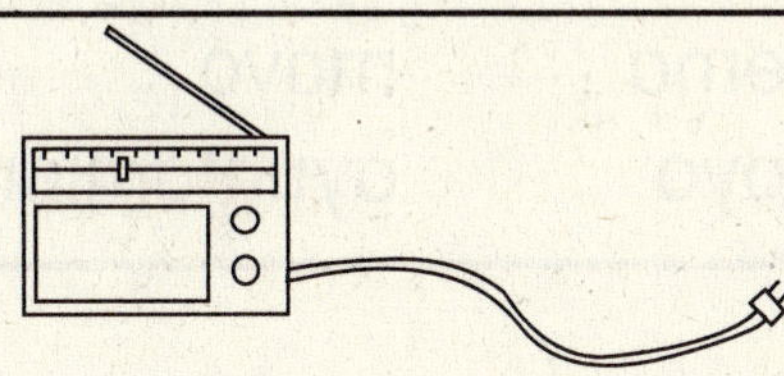
3. 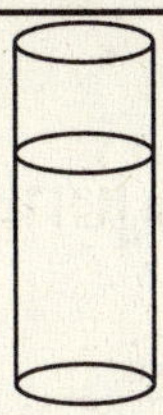	**4.** 
5. 	**6.** 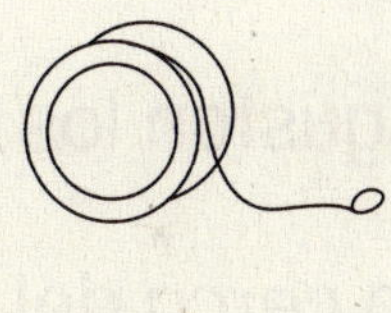
7. 	**8.** 
9. 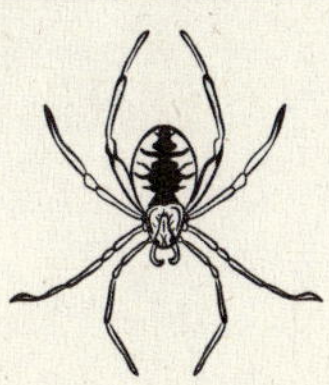	**10.** 

Nombre ______________________ Fecha __________

Palabras con *y*

Completa las oraciones con las palabras del recuadro.

yema	mayo	mayonesa	yoga	Yugoslavia
yoyo	ayuntamiento	payasos	mayas	coyote

1. El ____________ es un animal.
2. El mes de ____________ va antes de junio.
3. Hay un país que se llama ____________.
4. No me gusta la clara del huevo, prefiero la ____________
5. Me gustan los sándwiches con ____________.
6. Vivo cerca del ____________ del pueblo.
7. A mi prima le gusta jugar ____________.
8. Mi papá va a clases de ____________.
9. En México vivieron los aztecas y los ____________.
10. En algunas fiestas hay ____________.

10

Nombre ______________________________ Fecha ____________

Palabras con *y*

Encierra en un círculo la palabra que completa la oración. Luego escribe la palabra.

1. Mi amigo se ____________ del columpio.
   caminó casó cayó

2. No fui a la escuela ni hoy ni ____________.
   ala ama ayer

3. Mi mamá y ____________ fuimos a la tienda.
   yo yoyo yodo

4. Mi mascota se llama ____________.
   Yuyito yute yuca

5. Cayó un ____________ durante la tormenta.
   ramo rayo rato

6. Tengo una camisa de ____________.
   ratos rayas raro

7. Pedimos ____________ a la policía.
   ayuda azul arar

8. Me gusta la clara del huevo, pero no la ____________.
   yelmo yegua yema

9. Mi papá usa el ____________ cuando me caigo.
   yodo yoyo yo

10. El abuelo me ____________ un cuento divertido.
    levantó leyó lejos

Nombre ______________________ Fecha ____________

Palabras con *y*

Empareja las adivinanzas con su palabra correspondiente. Luego encierra en un círculo las sílabas con *y*.

Adivinanza	Palabra
1. Soy un barco de diversión. Soy un …	yeso
2. Soy la hembra del caballo. Soy una ...	yate
3. Soy el nombre de una niña. Soy …	yerba
4. Soy lo verde del jardín. Soy la …	yegua
5. Soy lo amarillo del huevo. Soy la …	Yolanda
6. Soy un vegetal que se come. Soy la …	rayuela
7. Soy lo que se utiliza para enyesar el brazo. Soy el …	yema
8. Soy un juego. Soy la …	yuca

Nombre ______________________ Fecha ____________

Palabras con *h*

Escribe la sílaba que falta.

ha	he	hi	ho	hu

1. 

   ____ tel

2. 

   ____ popótamo

3. 

   ____ mo

4. 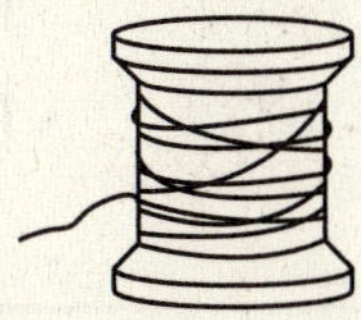

   ____ lo

5. 

   ____ no

6. 

   ____ cha

7. 

   ____ra

8. 

   ____ racán

9. 

   ____ rina

10. 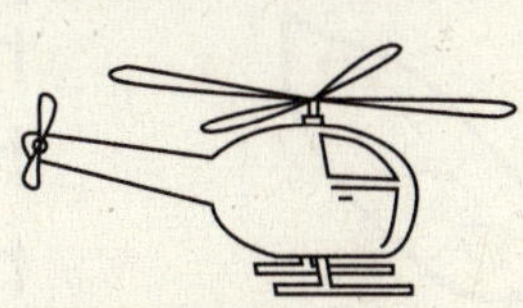

   ____ licóptero

Nombre ______________________ Fecha __________

Palabras con *h*

Encierra en un círculo el nombre del dibujo. Luego escribe la palabra.

1. 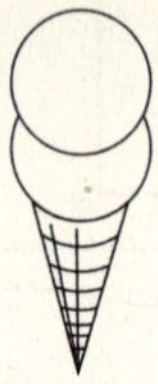

helado
herida
heno

____

2. 

hasta
hamburguesa
hambre

____

3. 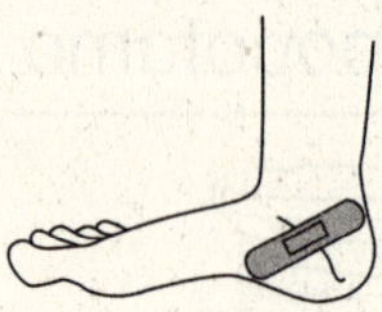

hermoso
herida
helado

____

4. 

hola
hoja
hotel

____

5. 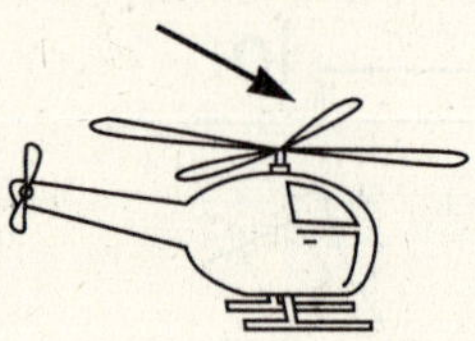

hervir
hermano
hélice

____

6. 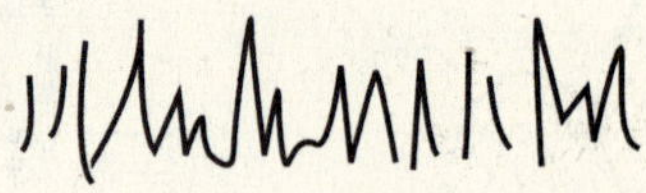

hierba
hielo
hilo

____

7. 

huracán
huele
huevo

____

8. 

hospital
hotel
horroroso

____

9. 

halar
hace
haba

____

10. 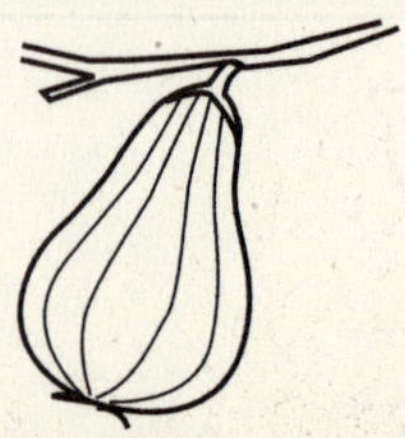

hijo
hilo
higo

____

10

Nombre ______________________________ Fecha ____________

Palabras con *h*

Encierra en un círculo la palabra que completa la oración. Luego escribe la palabra.

1. Mi amigo salió ______________ del perro.
   humo huracán huyendo

2. Voy a ______________ un avión con este papel.
   hacer halar hasta

3. Pon los huevos a ______________ en el horno.
   herir hervir helar

4. El toro ______________ los cuernos en el suelo.
   hincó hizo hijo

5. Me llamo ______________.
   héroe helado Helena

6. El perro se ha comido un hueso y tiene el ______________ sucio.
   hocico hoyo hoja

7. Soy el ______________ de mi mamá y de mi papá.
   hilo hijo higo

8. Estoy leyendo la ______________ de mi familia.
   hipopótamo hispano historia

9. Los pozos de agua son muy ______________.
   hondos hoyo hormiga

10. En la ciudad hay edificios de ______________.
    hipo hierro hilo

10

Nombre ______________________________ Fecha __________

Palabras con *h*

Empareja las adivinanzas con su palabra correspondiente. Luego encierra en un círculo las sílabas con *h.*

1.	La gente dice esto cuando saluda.	hoy
2.	Se las ponen a los caballos.	hormiguero
3.	Soy un animal que vuela.	higo
4.	Estar un poco mojado.	halcón
5.	El día en el que estamos.	huesos
6.	Son marcas que dejamos al pasar.	hora
7.	Soy una fruta que se come.	húmedo
8.	Todo el esqueleto tiene esto.	huellas
9.	Soy lo que marca el reloj.	hola
10.	Soy el lugar donde viven las hormigas.	herraduras

Nombre ______________________________ Fecha ____________

Escuchar el sonido /y/ en palabras con *ll*

Di el nombre de cada dibujo. Encierra en un círculo los dibujos cuyos nombres tengan *ll* como en *llama*.

1. 	2. 	3. 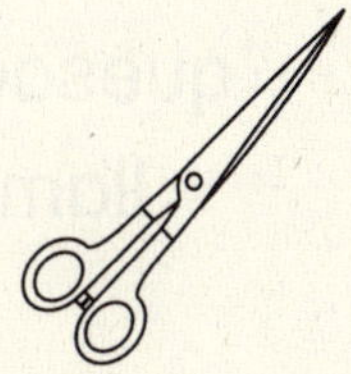
4. 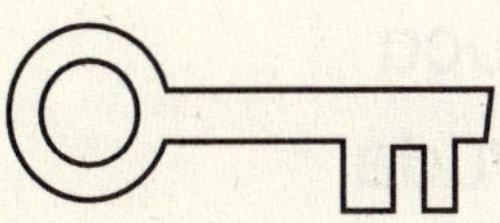	5. 	6. 
7. 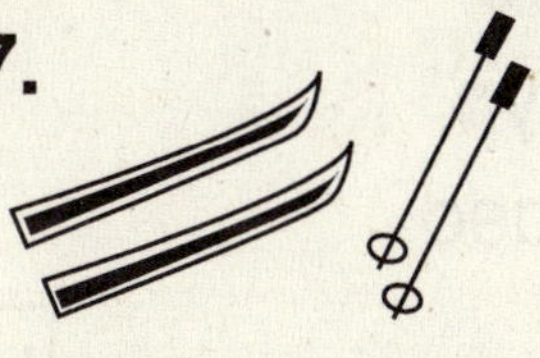	8. 	9. 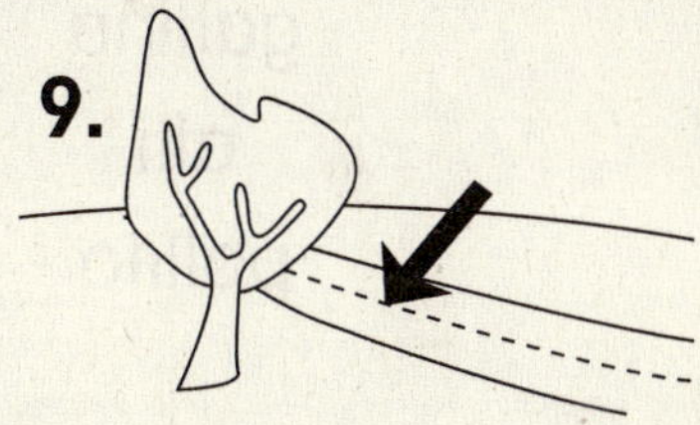

Nombre ______________________________ Fecha ____________

Palabras con *ll* e *y*

Lee las palabras. Encierra en un círculo la sílaba que sea igual a la del recuadro.

llano quesadilla llama lla	yeso yegua yema ye
bolsillo llover rollo llo	desayuno yuca ayuda yu
gallina allí pollito lli	yate maya payaso ya
lleva callejear pillé lle	mayo yoyo coyote yo

Nombre ______________________ Fecha __________

Palabras con *ll* e *y*

Completa las oraciones con las palabras del recuadro.

yoyos	caballos	llana	yema	enyesaron
bello	gallo	lleva	sillas	calle

1. El ______________ hace "quiquiriquí" al amanecer.
2. La tierra es ______________ en el campo.
3. Hay seis ______________ en la mesa.
4. Todos los niños de la escuela juegan con sus ______________ de colores.
5. Los ______________ galopan por el monte.
6. Vivo en la ______________ del hotel.
7. Se me rompió el codo y me lo ______________.
8. Mi papá me ______________ a clases de piano.
9. La ______________ es la parte amarilla del huevo.
10. El sitio donde viven mis abuelos es ______________.

/10

Nombre ______________________________ Fecha ____________

Palabras con *ll*

Empareja las adivinanzas con su palabra correspondiente. Luego encierra en un círculo las sílabas con *ll*.

1. Si me pierdes, no puedes abrir la puerta. Soy una …	palillo
2. Si conoces los colores y miras el sol, ya sabes quién soy. Soy el …	cepillo
3. Pongo huevos en el gallinero. Soy una …	llave
4. Si me usas, vas peinado y arreglado. Soy un …	gallina
5. Tengo dos jorobas y vivo en el desierto. Soy un …	lleno
6. Si te quedas mucho tiempo bajo mí, te mojas. Soy la …	camello
7. Me necesitas para que no se caigan las cosas de la ropa. Soy un ...	quesadilla
8. Estoy hecha de queso y me puedes comer. Soy una …	bolsillo
9. Para sacar algo de los dientes, tienes que usarme. Soy un …	amarillo
10. Soy lo contrario de vacío. Estoy …	lluvia

20

Nombre ______________________________ Fecha ____________

Repasar palabras con *z, y, h* y *ll*

Mira los dibujos. Luego escoge la palabra correcta del recuadro. Escribe la palabra.

zapato	horno	hoja
llave	hilo	coyote
yate	bolsillo	izquierda

1. 
____

2. 
____

3. 
____

4. 
____

5. 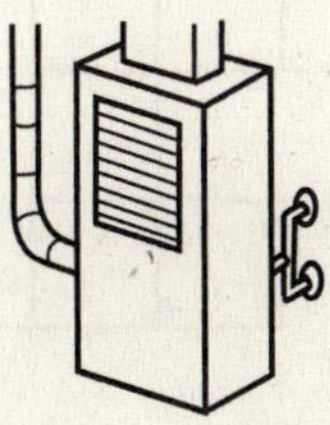
____

6. 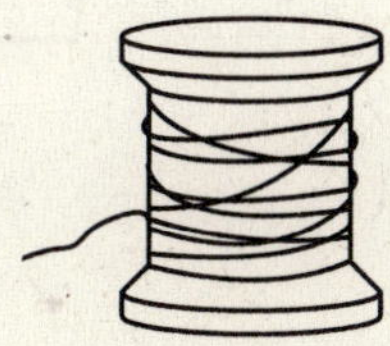
____

7. 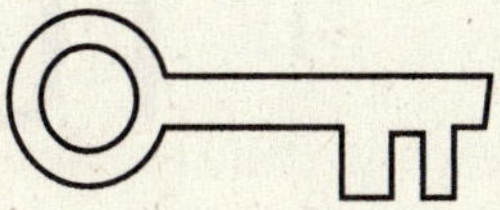
____

8. 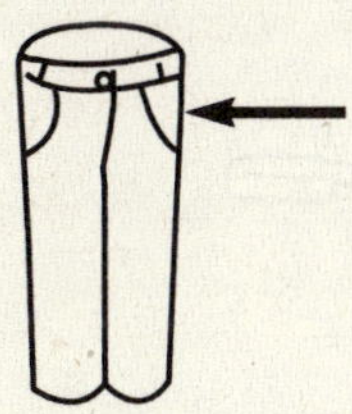
____

9. 
____

Nombre ______________________________ Fecha ____________

Repasar palabras con *z, y, h* y *ll*

Di el nombre de cada dibujo. Busca su palabra correspondiente en el recuadro. Luego, escribe la palabra en el crucigrama.

raya	hilo	zueco	llama	helado
lluvia	diez	yogur	yoyo	herida

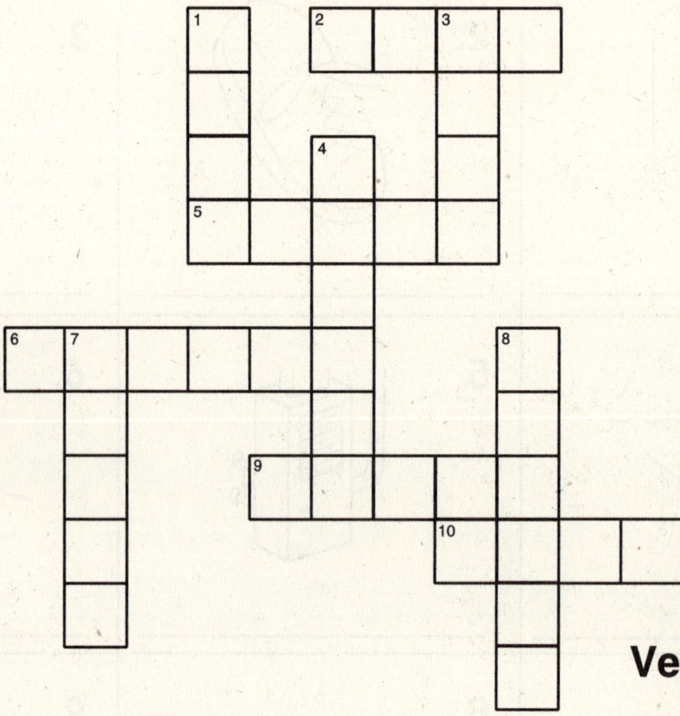

Horizontal

2. 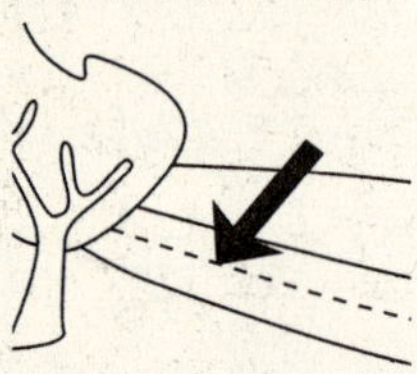

5. 

6. 

9. 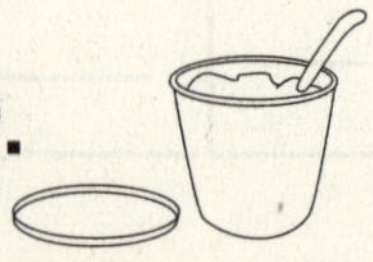

10. 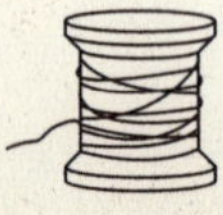

Vertical

1. 10

3. 

4. 

8. 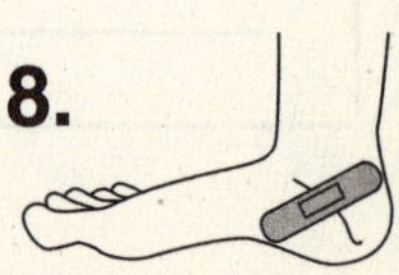

7. 

/10

Nombre ______________________________ Fecha ____________

Repasar palabras con *z, y, h* y *ll*

Lee las oraciones. Escribe la sílaba que falta para completar la palabra. Luego escribe la palabra.

1. Fuimos al zoológico. Allí vimos una aves____.
   ____
2. No había una sino (10) ____. ____________
3. También vimos varios ____rros. ____________
4. A la izquierda de ellas estaban los co____tes. ____________
5. Como era mayo, también pudimos ver las ____mas.
   ____
6. En el zoológico, me monté en una ____gua. ____________
7. Mi hermano se montó en un caba____. ____________
8. Al lado, había vacas comiendo ____no. ____________
9. Pudimos pasar a la jaula con las gallinas y habían puesto diez ____vos. ____________
10. Después de ver tantos animales, nos sentamos en la ____ba a descansar. ____________

Nombre ______________________ Fecha ____________

Repasar palabras con *z, y, h* y *ll*

Encierra en un círculo el nombre del dibujo.

1.  cara cabaña cazador	**2.**  pelo pez pera	**3.**  lazo lana lata
4. 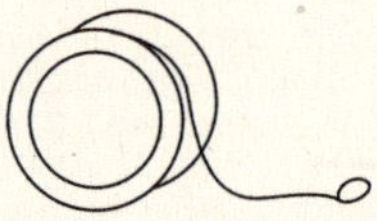 yoyo yogur yo	**5.**  rama rayo rata	**6.**  yema yeso yegua
7.  hipopótamo hijo hipo	**8.**  harina había hasta	**9.**  hola hoja hoyo
10.  caballo cabello cabaña	**11.** 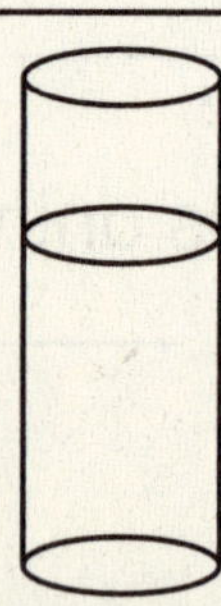 llevo llego lleno	**12.** 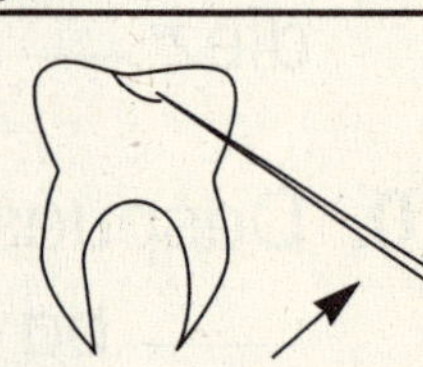 palito pala palillo

Nombre ______________________ Fecha ____________

Escuchar el sonido /ch/

Di el nombre de cada dibujo. Encierra en un círculo los dibujos cuyos nombres tengan *ch* como en *chal*.

1. 	2. 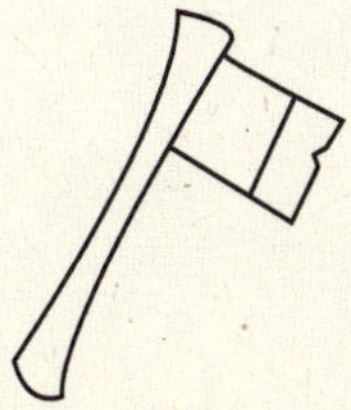	3. 60
4. H	5. 	6. 
7. 	8. 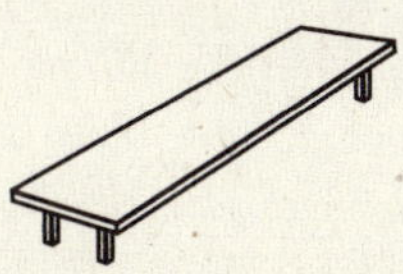	9. 

Nombre ______________________________ Fecha ____________

Palabras con *ch*

Empareja los dibujos con su palabra correspondiente. Luego, encierra en un círculo las sílabas con *ch*.

1.  churro

2.  champú

3.  chocolate

4.  coche

5.  chaleco

6.  cuchillo

7.  chaqueta

8.  chorro

9. 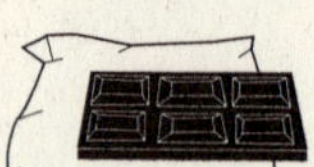 chófer

10.  concha

Nombre ______________________________ Fecha ____________

Palabras con *ch*

Encierra en un círculo la palabra que completa cada oración y escríbela. Luego subraya las sílabas con *ch*.

1. Mi abuelita fue la ____________ en la fiesta de la escuela.
   chaperona   charca   chamarra

2. En mi escuela, hay ____________ y chicos.
   chinches   chicas   chirridos

3. El ____________ era de cinco dólares.
   chelo   chepa   cheque

4. Vimos a los hipopótamos nadar en la ____________ del zoológico.   chacho   charca   charango

5. Mi tío es muy ____________. Siempre cuenta cuentos divertidos.   chispa   chistera   chistoso

6. Meriendo ____________ con pan.
   chorizo   chopo   chorro

7. Los patos ____________ en el agua.
   chamuscan   chapotean   charca

8. Cayeron ____________ de los fuegos artificiales.
   chillidos   chicos   chispas

9. Dos autos ____________ en la carretera.
   chorizo   chocaron   chorro

10. Los chicos ____________ muy alto en el patio de la escuela.
    chillaban   chicharra   chiquilla

Nombre ______________________________ Fecha ____________

Palabras con *ch*

Completa las oraciones con las palabras del recuadro.

Pancho	cancha	dicho	China	enchufar
broche	chuletas	noche	gancho	fachada

1. Están arreglando la ________________ del edificio.
2. Hay un ________________ que dice: "Más vale tarde que nunca".
3. ¿Puedes ________________ la radio?
4. Tengo muchos amigos que se llaman ________________.
5. Hace calor por la ________________ en verano.
6. Jugamos al básquetbol en la ________________ de la escuela.
7. ________________ es un país de Asia.
8. Los sábados comemos papas y ________________.
9. Hay que colgar el espejo con un ________________.
10. Su tía se puso un ________________ en el vestido.

Nombre ______________________________ Fecha ____________

Escuchar el sonido /g/ *en ga, go, gu, gue, gui, güi* y *güe*

Encierra en un círculo los dibujos cuyos nombres tengan las sílabas *ga, go* y *gu*. Subraya los dibujos cuyos nombres tengan las sílabas *gue* y *gui*. Marca con una X los dibujos cuyos nombres tengan las sílabas *güi* y *güe*.

1. 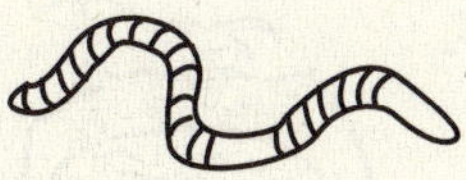 ____________	2.  ____________	3.  ____________
4.  ____________	5. 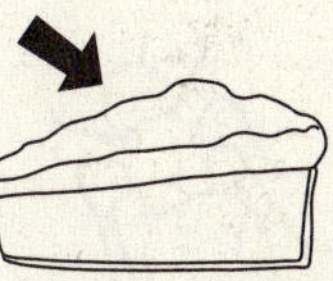 ____________	6.  ____________
7.  ____________	8.  ____________	9.  ____________
10.  ____________	11. 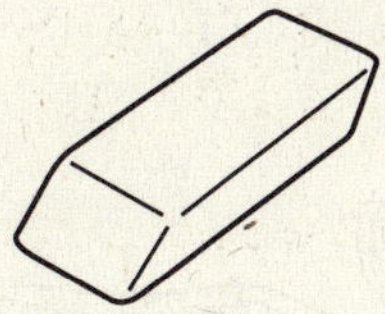 ____________	12.  ____________

Nombre ______________________ Fecha ____________

Palabras con *ga, go, gu, gue, gui, güi* y *güe*

Mira los dibujos. Luego escoge la palabra correcta del recuadro. Escribe la palabra.

juguetes	laguna	guiso	cigüeña	mago	águila
gallo	hormiga	guardia	manguera	yegüita	fuego

1. 
____

2. 
____

3. 
____

4. 
____

5. 
____

6. 
____

7. 
____

8. 
____

9. 
____

10. 
____

11. 
____

12. 
____

Nombre ______________________________ Fecha ____________

Palabras con *ga, go, gu, gue, gui, güi* y *güe*

Completa las oraciones con las palabras del recuadro.

guepardo	guiñar	goloso	algo	llegado
segundo	tengo	guía	gotera	guindilla

1. Tengo ________________ metido en el ojo.
2. Mi hermano fue el tercero en la carrera y yo fui el ________________.
3. Un ________________ nos llevó por toda la ciudad.
4. Ha ________________ toda la familia para pasar las vacaciones.
5. Ya sé ________________ un ojo.
6. ________________ que hacer mucha tarea para la escuela.
7. El mago ________________ se comió el rico guiso.
8. El ________________ es un animal muy veloz.
9. Mi hermana toca la ________________ muy bien.
10. Después de la lluvia, quedó una ________________ en la casa.

Nombre ________________ Fecha ________

Palabras con *ga, go, gu, gue, gui, güi* y *güe*

Encierra en un círculo la palabra que completa cada oración. Luego subraya las sílabas con *g*.

1. Metieron dos ____________ en el partido de fútbol.
   goma goloso goles

2. Los leones tienen ____________ muy fuertes.
   garras gatas gallos

3. Me ____________ en la tienda. No me dieron todo el cambio.
   enfadaron engañaron encantaron

4. ____________ mucho en el parque de juegos.
   gordos gorros gozamos

5. Vamos a la hilera ____________ para ver mejor la película.
   silbar siguiente silencio

6. Durante la tormenta hubo muchos ____________.
   relámpagos relevos retoques

7. ____________ a las escondidas toda la tarde.
   juntamos julio jugamos

8. Se dieron de ____________ en la calle.
   goles golpes gorras

9. Mi abuelo sabe tocar el ____________ muy bien.
   guante güiro gusano

10. Tengo unos pantalones ____________.
    largos lavados latas

Nombre ______________________ Fecha __________

Palabras con *ca, co, cu, ka, ke, ki, ko* y *ku*

Escribe la sílaba que falta.

ca	co	cu	ka	ke	ki	ko	ku

1.  ___ mono	2. 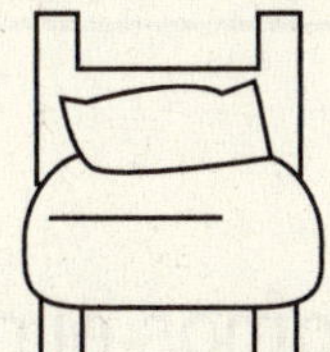 ___ ma
3. 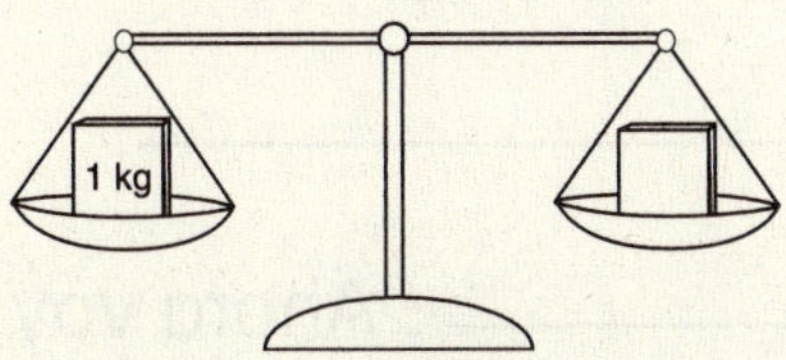 ___ logramo	4.  ___ na
5.  ___ pa	6.  ___ ty
7.  pantalones ka ___	8.  periódi ___
9.  ___ sa	10.  ___ liente

Nombre ______________________ Fecha __________

Palabras con *ca, co, cu, ka, ke, ki, ko* y *ku*

Completa las oraciones con las palabras del recuadro.

oscuro	kinder	poco	kiwi	escuchemos
kiosco	corrió	caerse	Kiko	keroseno

1. Compramos el periódico en el ______________.
2. En la cueva estaba ______________.
3. Fuimos llevando cosas poco a ______________.
4. Hace dos años iba en ______________ . Ahora voy en segundo.
5. Su fruta preferida es el ______________.
6. ______________ durante el partido y le dio sed.
7. ______________ fue el ganador de la carrera.
8. Encendió el fuego con ______________.
9. Mi mamá dice que ______________ con atención en la escuela.
10. Las manzanas empezaron a ______________ del árbol.

/10

Nombre ______________________ Fecha __________

Palabras con *ca, co, cu, ka, ke, ki, ko* y *ku*

Encierra en un círculo la palabra que completa cada oración. Luego subraya las sílabas con el sonido /*k*/.

1. Este baile es __________ de Perú.
   tieso tirante típico
2. Después de hacer la tarea, me como un __________.
   caramelo casa capataz
3. Nos mudamos de casa y tengo que __________ todas mis cosas.
   empapar empequeñecer empacar
4. Mi papá se llama __________.
   pato Paco parado
5. Lo mira todo porque es muy __________.
   curioso cuidado culpa
6. Por la tarde va a clases de __________.
   Kate karate kaki
7. Me gusta __________ por el campo.
   cansar casar caminar
8. El __________ comió muchos cocos y su pancita le dolió.
   kilo koala kiosco
9. Siguen __________ sobre el mismo chisme.
   cuidando curando cuchicheando
10. El __________ es el vestido típico de Japón.
    kimono kiosco Kike

Nombre ______________________ Fecha ____________

Palabras con *ca, co, cu, ka, ke, ki, ko* y *ku*

Empareja las adivinanzas con su palabra correspondiente. Luego encierra en un círculo las sílabas con *ca, co, cu, ka, ke, ki, ko* y *ku*.

1. Me llenan con agua para limpiar. Soy una …	calor
2. Los japoneses llevan este tipo de vestido. Soy un …	kimono
3. Hago que bebas mucha agua y que puedas ir en bañador. Soy el …	cucaracha
4. Soy una fruta. Por dentro soy verde. Soy el …	kiwi
5. Soy un insecto con patitas que a la gente no le suele gustar. Soy una …	chocolate
6. Soy un nombre de persona. Soy …	Katy
7. Soy dulce. A todos los niños le gusto. Soy el …	cubeta
8. Soy una medida. Soy el …	kilómetro

Nombre ______________________________ Fecha ____________

Palabras con *am, em, im, om* y *um*

Encierra en un círculo el dibujo cuyo nombre empieza con la sílaba del recuadro.

1. am	 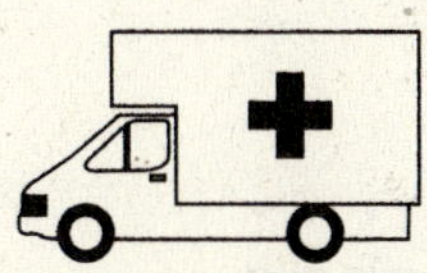  
2. im	   
3. zum	 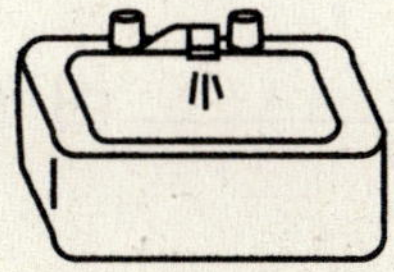  
4. em	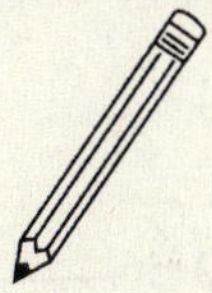   
5. om	  

Nombre ______________________ Fecha __________

Palabras con *am, em, im, om* y *um*

Completa las oraciones con las palabras del recuadro.

Amparo	embarcar	imperfecto	ombligo	impedir
ambiente	empachado	impulso	empeño	ampliar

1. Todas las personas tienen ______________.
2. Tenemos que cuidar el medio ______________.
3. Mi amiga ______________ y yo fuimos al cine.
4. Lo opuesto de perfecto es ______________.
5. Vamos a ______________ el lugar donde guardo mis juguetes.
6. Hay que ______________ que maten a los animales de algunas especies.
7. Después de comer tanto pastel, quedé ______________.
8. Puse mucho ______________ al hacer el cartel para la tarea.
9. Cuando me lancé al agua, tomé mucho ______________.
10. En el viaje en barco, tuvimos que ______________ dos veces.

/10

Nombre ______________________________ Fecha ____________

Palabras con *am, em, im, om* y *um*

Encierra en un círculo la palabra que completa cada oración. Luego subraya las sílabas *am, em, im, om* y *um.*

1. Mi comida favorita son las ______________.
   emperador   empanadas   empalago

2. Llevaron al enfermo en ______________ hasta el hospital.
   ámbar   ámbito   ambulancia

3. Me ______________ bajo la lluvia.
   empapé   empequeñecí   empaqué

4. España fue un ______________ hace muchos años.
   impecable   imperio   importante

5. Los dos equipos ______________ el partido.
   empataron   empalago   empapelaron

6. Los zapatos de fútbol me hicieron una ______________ durante el partido.
   ambiente   ampliar   ampolla

7. El toro ______________ al torero en la corrida.
   embistió   embeleso   empatar

8. El agua de esta ciudad no se puede beber porque es ______________.
   impura   impertinente   imperio

9. Algunas personas son ______________.
   ambiguas   ambiciosas   ámbar

10. Pintamos y luego ______________ mi habitación.
    empeine   empapelamos   emparejar

Nombre ______________________________ Fecha ____________

Palabras con *am, em, im, om* y *um*

Empareja las adivinanzas con su palabra correspondiente. Luego encierra en un círculo las sílabas con *am, em, im, om* y *um.*

1. Si algo no es posible, entonces es …	imperio
2. Soy parte del pie y estoy encima de él. Soy el …	empeine
3. Soy lo opuesto de terminar.	embarcación
4. Los incas tenían muchos territorios. Formaron un …	imposible
5. Soy un barco, un velero o una barca. Soy una …	ombligo
6. Todas las personas tenemos uno. Soy el …	empezar

Nombre ______________________________ Fecha ____________

Repasar palabras con *ch, g, gu, gü, c, k,* y *m*

Encierra en un círculo la palabra que resuelve cada adivinanza.

1. Sirve para cortar y acompaña al tenedor.
   cuna culpa cuchillo
2. Me utilizan para cortar leña.
   haya hacha harina
3. Conmigo te lavas el cabello.
   chapa champú chaperona
4. Yo enciendo la chimenea.
   furia fuma fuego
5. Toco música.
   guitarra guiso guiar
6. Soy un animal vestido con chaqueta.
   perro pingüino pitón
7. Comunico las noticias del día.
   pedal periódico pedazo
8. El apodo viene de Enrique.
   kimono kilo Kike
9. Soy dulce y gusto a los niños.
   caramba camello caramelo
10. Soy redondito y estoy en la barriguita.
    oso ombligo olla

/10

Nombre ______________________________ Fecha ____________

Repasar palabras con *ch, g, gu, gü, c, k,* y *m*

Di el nombre de cada dibujo. Busca su palabra correspondiente en el recuadro. Luego, escribe la palabra en el crucigrama.

Amparo	concha	hormiga	ombligo
cuna	gaviota	coco	churro

Horizontal

1. 

3. 

5. 

6. 

7. 

Vertical

2. 

4. 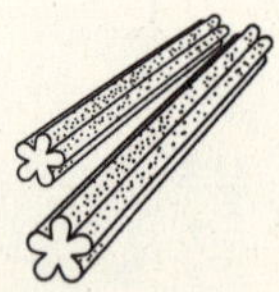

8. 

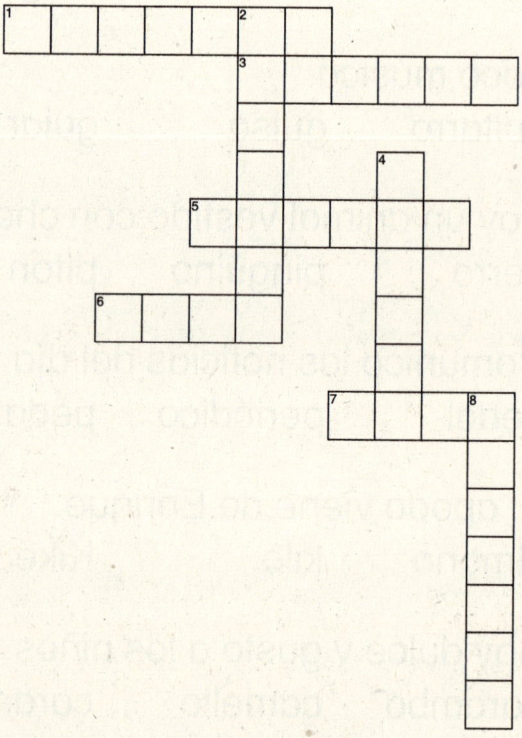

Nombre ______________________ Fecha __________

Repasar palabras con *ch, g, gu, gü, c, k,* y *m*

Encierra en un círculo el nombre del dibujo.

1.  embudo embarcación empiezo	**2.**  ampolla amar amistad	**3.**  kiosco kilo karate
4. 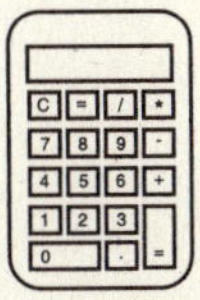 calco calculadora calma	**5.** 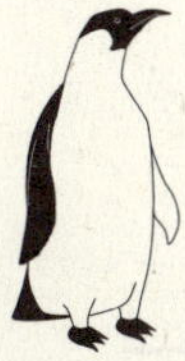 pinito pingüino pintado	**6.** 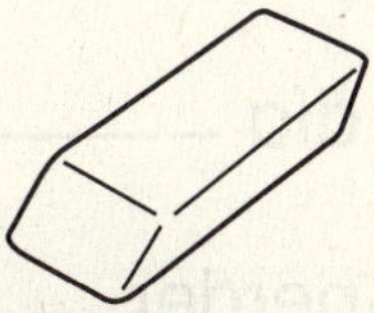 goma goloso gobierno
7.  guante güero gusano	**8.**  chismoso chino chivo	**9.** 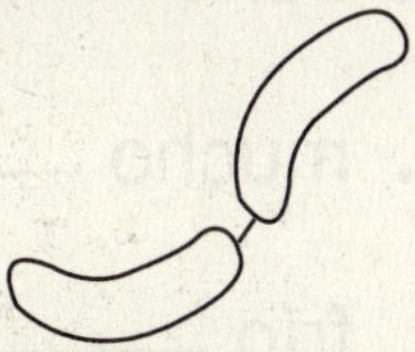 salto salchicha salero

Nombre ______________________________ Fecha ____________

Repasar palabras con *ch, g, gu, gü, c, k,* y *m*

Escribe la palabra opuesta.

calor	guerra	imperfecto	mucho	poco	ampliar
ganar	noche	calmado	impuro	largo	chistoso

1. poco ____________
2. serio ____________
3. día ____________
4. perder ____________
5. paz ____________
6. corto ____________
7. mucho ____________
8. frío ____________
9. agitado ____________
10. perfecto ____________
11. reducir ____________
12. puro ____________

Nombre ______________________________ Fecha ____________

Palabras con bl **y** br

Encierra en un círculo los dibujos cuyos nombres tengan *br* como en *brazo.* Marca con una X los dibujos cuyos nombres tengan *bl* como en *blusa.*

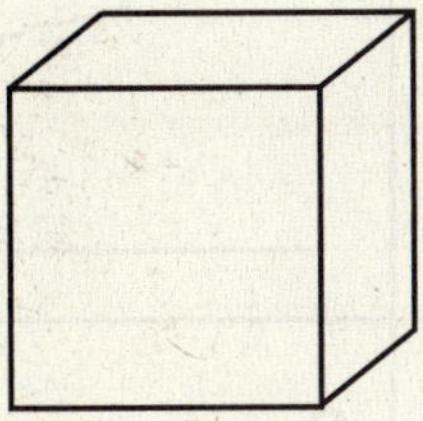

Nombre ______________________________ Fecha __________

Palabras con bl y br

Mira los dibujos. Luego escoge la palabra correcta del recuadro. Escribe la palabra.

brújula	tabla	sombrilla	sobre	mueble
brazo	hablan	establo	brote	

1.  ______________	2. 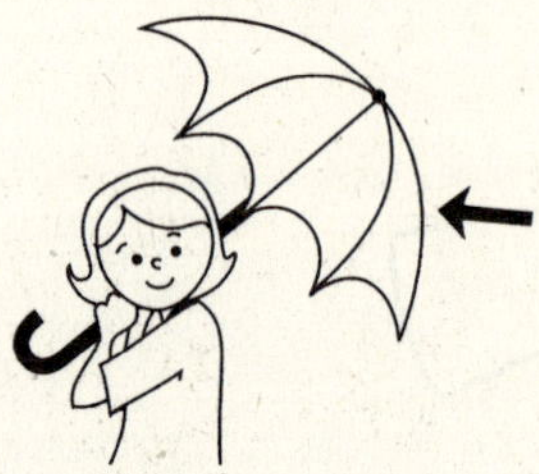 ______________	 ______________
4.  ______________	5. 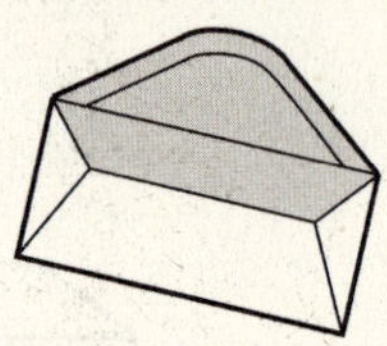 ______________	6.  ______________
7. 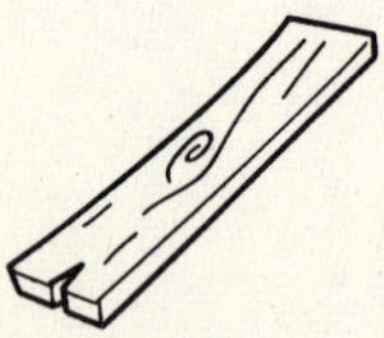 ______________	8. 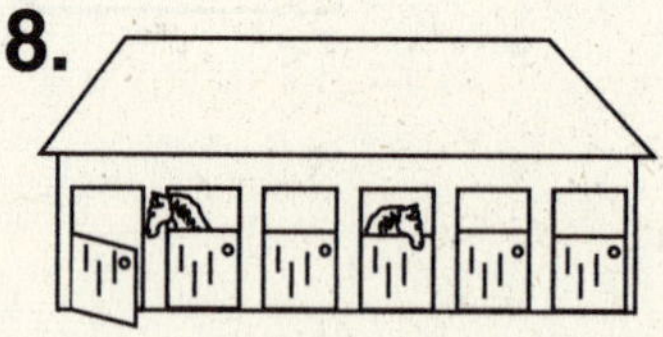 ______________	9. 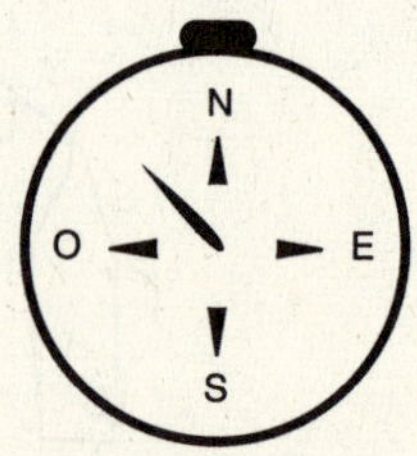 ______________

Nombre ______________________________ Fecha ____________

Palabras con bl **y** br

Completa las oraciones con las palabras del recuadro.

noble	Pablo	brindamos	tabletas	breve
cobre	blanda	brilla	roble	abrigo

1. Mi perro es muy bueno y ______________.
2. El sol ______________ con mucha intensidad.
3. Tengo dos ______________ de chocolate para compartir.
4. Los muebles de mi casa son de madera de ______________.
5. ______________ es el mejor estudiante de la clase.
6. El ______________ es un metal como el hierro.
7. En invierno uso un ______________.
8. En Año Nuevo todos ______________ por el nuevo año.
9. La visita del gobernador fue muy ______________.
10. La esponja de baño es muy ______________.

Nombre ______________________________ Fecha ____________

Palabras con bl y br

Empareja las adivinanzas con su palabra correspondiente. Luego encierra en un círculo las sílabas con *br* y *bl.*

1. Tengo hojas y con mi madera se pueden hacer mesas. Soy un …	brasileño
2. Soy lo que queda después de quemar la leña en el fuego. Soy la …	libro
3. Me hallaron los niños. Soy pequeña y de color blanco. Soy …	tablitas
4. Soy un lugar donde hay muchos libros y la gente viene a leer. Soy una …	brasa
5. Sirvo para hacer casitas. No soy los clavos. Soy las …	Blanquita
6. Tengo hojas y no soy un árbol. Me puedes abrir y cerrar. Soy un …	biblioteca
7. Nací en Brasil. Soy …	brisa
8. Soy el aire que queda cuando hace viento. Soy la …	roble

Nombre ______________________________ Fecha ____________

Palabras con gl y gr

Encierra en un círculo el dibujo cuyo nombre contiene la sílaba del recuadro.

1. gri	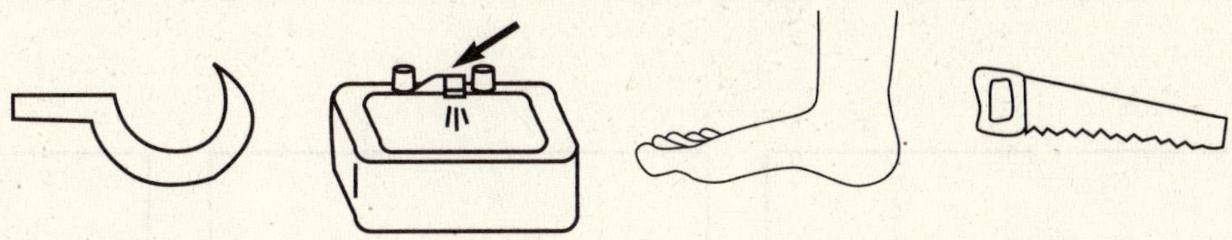
2. glo	
3. gla	
4. gre	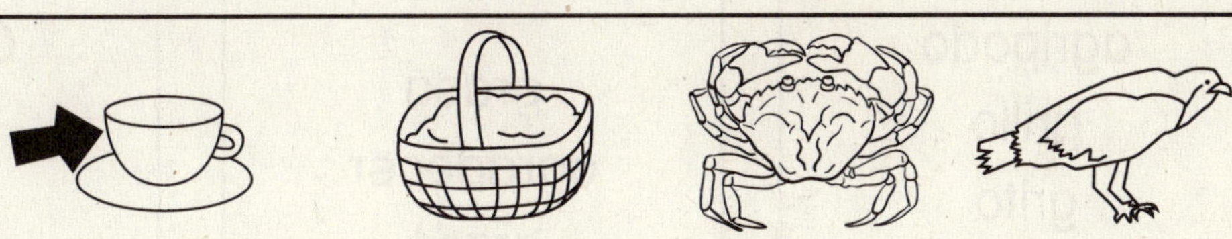
5. gra	

Nombre ______________________ Fecha ____________

Palabras con gl **y** gr

Lee las palabras. Encierra en un círculo la sílaba que sea igual a la del recuadro.

regla glacial arregla [gla]	grulla agrupar grúa [gru]	siglo glorieta glotón [glo]
agripado grillo grito [gri]	grasa agradecer grada [gra]	Gregorio Grecia agredir [gre]

Nombre ______________________________ Fecha ____________

Palabras con gl y gr

Completa las oraciones con las palabras del recuadro.

agria	gladiadores	glucosa	gruñido	gratis
logro	globos	gradas	gladiolos	Gloria

1. Fuimos a un espectáculo de ______________.
2. La leche se hizo ______________.
3. Nos sentamos en las ______________ del estadio.
4. No tuve que pagar por el boleto porque era ______________.
5. En el tiempo de los romanos, había ______________ que luchaban con animales.
6. Estaba muy enojado y lanzó un ______________.
7. Es todo un ______________ que mi amigo juegue al fútbol.
8. Mi tía se llama ______________.
9. Me gustan las margaritas y los ______________.
10. Las manzanas maduras tienen ______________, que es parecida al azúcar.

/10

Nombre ______________________ Fecha __________

Palabras con gl y gr

Encierra en un círculo la palabra que completa cada oración.
Luego subraya las sílabas con *gl* y *gr.*

1. Gloria es la más ____________ de mis hermanos.
   grado grapa grande

2. Los ____________ están formados por hielo.
   glaciares glacear gladiador

3. Me hizo mucha ____________ tu broma.
   gratis gracia grano

4. Los ____________ hacen ruido por la noche.
   grillos grifos grietas

5. Busco las palabras que no sé en el ____________ de mi libro.
   glotón globo glosario

6. ____________ es un país de Europa.
   Grecia greña Gregorio

7. Hace mucho calor. Estamos a 90 ____________.
   gratos gramos grados

8. El auto estaba mal aparcado y la ____________ se lo llevó.
   grulla gruta grúa

9. Con el huracán se hizo una ____________ en la pared.
   agrio grieta grifo

10. Hay un ____________ de oro en la pulsera.
    grabado grada gracia

Nombre ______________________________ Fecha ____________

Palabras con pl **y** pr

Encierra en un círculo los dibujos cuyos nombres tengan *pr* como en *prado*. Marca con una X los dibujos cuyos nombres tengan *pl* como en *plato*.

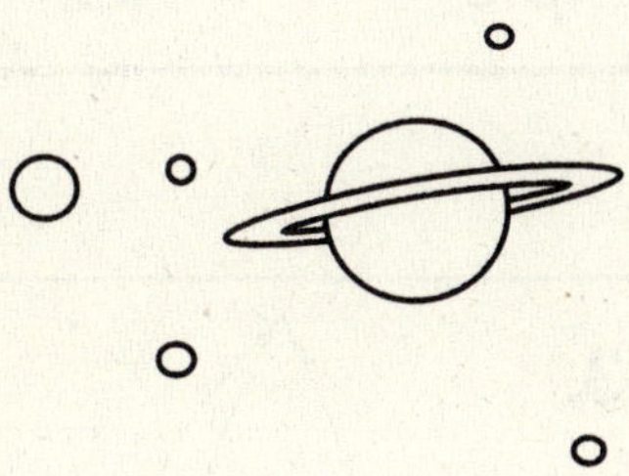

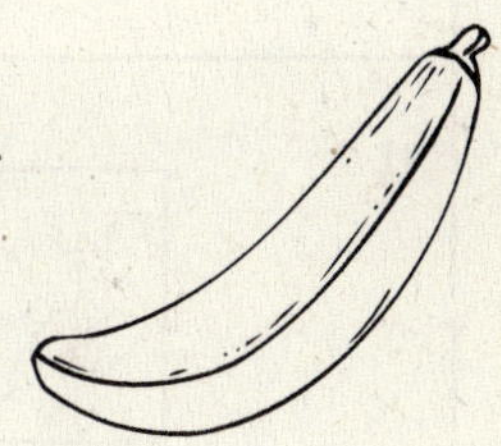

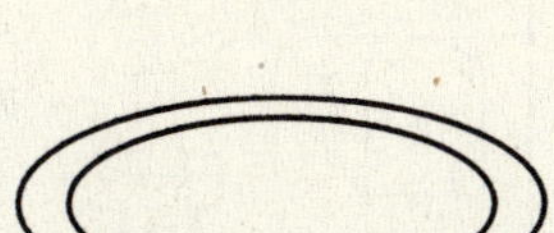

Nombre ______________________ Fecha __________

Palabras con pl y pr

Mira los dibujos. Luego escoge la palabra correcta del recuadro. Escribe la palabra.

plomero	primero	plano	presente	pluma
plancha	plaza	precio	templo	

1. 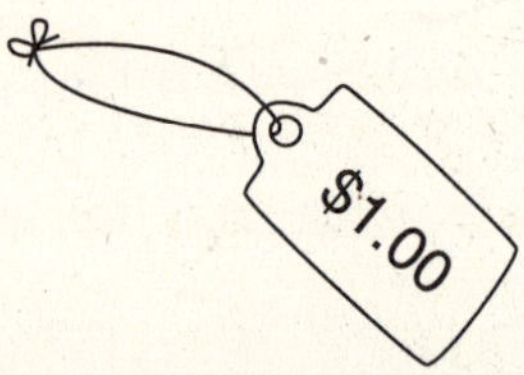

____

2. 1°
____

3. 
____

4. 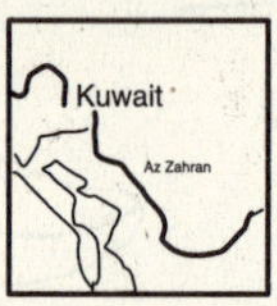

____

5. 
____

6. 
____

7. 
____

8. 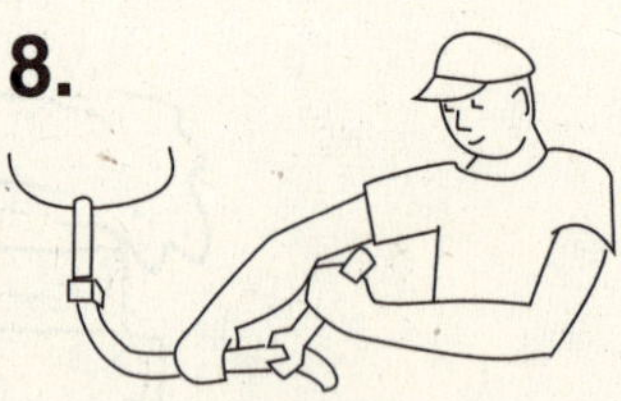
____

9. 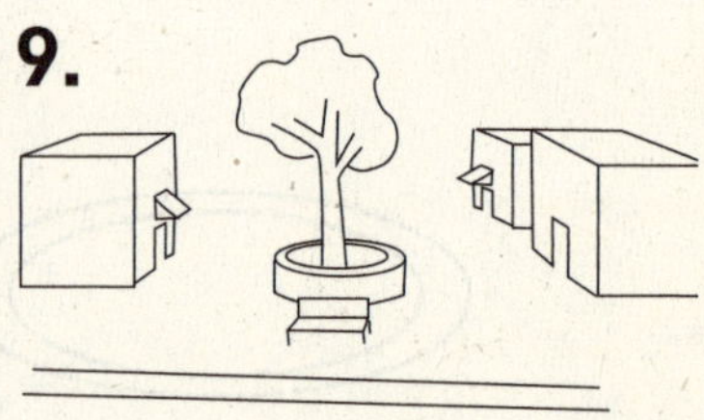
____

/ 9

Nombre ______________________________ Fecha ____________

Palabras con pl y pr

Completa las oraciones con las palabras del recuadro.

plata	prisa	profesor	plomo	propina
primos	plantas	repleta	comprar	pliegue

1. Dejamos una buena ______________ en el restaurante.
2. La biblioteca estaba ______________ de gente el domingo.
3. Fuimos a ______________ un regalo de cumpleaños.
4. En las reuniones familiares veo a todos mis ______________.
5. El anillo es de ______________ .
6. Tenía ______________ por llegar al partido de voleibol.
7. En el jardín de mi casa hay ______________ de todo tipo.
8. Se ha hecho un ______________ en los pantalones.
9. En esta gasolinera venden gasolina sin ______________.
10. Mi ______________ de piano me enseña algo distinto todos los días.

/10

Nombre ______________________________ Fecha ____________

Palabras con pl **y** pr

Encierra en un círculo la palabra que completa cada oración. Luego subraya las sílabas con *pr* y *pl.*

1. El ____________ de las fiestas de este año ha sido muy bonito.
   prenda preciado pregón

2. Tenemos que ______________ para no llegar tarde.
   asustar apresurarnos arrullar

3. Ayer ______________ ocho años.
   cumplí cursé curtí

4. Nos sirvieron unos ______________ muy ricos en el restaurante.
   plagas platillos plazas

5. El proyecto fue ______________ con una computadora.
   premeditado precioso premiado

6. No tenemos ningún ______________; sólo estamos jugando.
   problema progreso probeta

7. Las palabras en ______________ llevan una *s* al final.
   pluma plumero plural

8. Hicieron una ______________ con los nombres para ponerla en el salón. plato placa plaza

9. Su postre ______________ es el flan.
   predilecto precio premio

10. ______________ las hojas y nos enseñó su precioso dibujo.
    despistado desplegó descuidó

Nombre ______________________________ Fecha ______________

Palabras con fl y fr

Encierra en un círculo el dibujo cuyo nombre empieza con la sílaba del recuadro.

1. fri	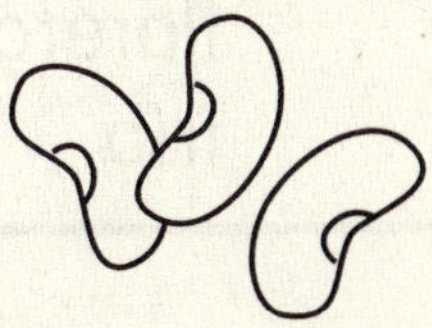			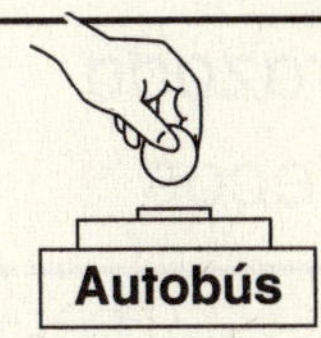
2. fle				
3. fla			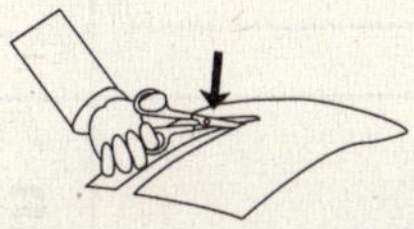	
4. fru				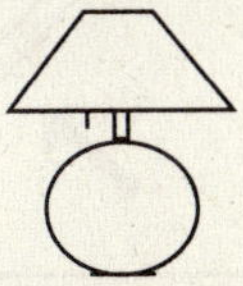
5. fre		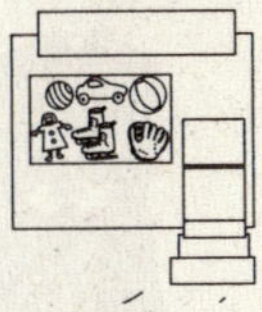		

Nombre ______________________ Fecha ____________

Palabras con fl y fr

Mira los dibujos. Luego escoge la palabra correcta del recuadro. Escribe la palabra.

frazada	flauta	fregar	florero	fraile
flecos	fresno	flotar	frío	

1.  ____________	2.  ____________	3.  ____________
4. 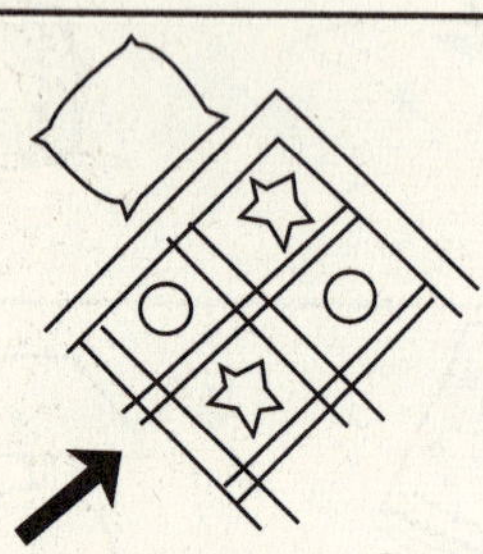 ____________	5. 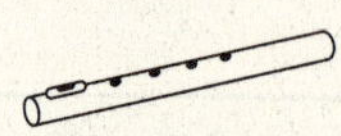 ____________	6.  ____________
7.  ____________	8.  ____________	9. 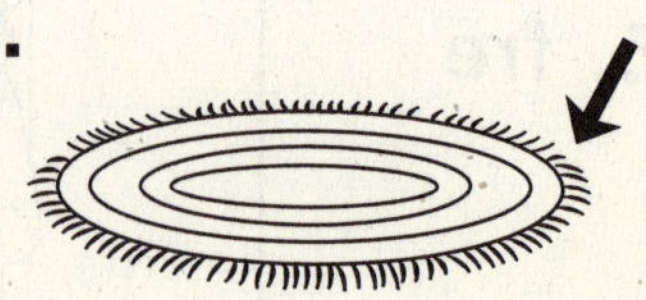 ____________

Nombre ______________________________ Fecha ____________

Palabras con fl y fr

Completa las oraciones con las palabras del recuadro.

flan	cofre	fresca	flojo	fluye
frontera	frenar	flaco	flotantes	Francia

1. ________________ está al lado de España.
2. Hoy estoy ________________ y no quiero hacer nada.
3. Mi postre preferido es el ______________.
4. Los nenúfares son unas plantas ________________. Las ves encima del agua.
5. Me gusta la limonada bien ________________.
6. En este ________________ antiguo guardo mis cosas favoritas.
7. Pasamos la ________________ de un país al otro.
8. La corriente del río ________________ plácidamente.
9. Tuve que ________________ mi bicicleta para no pillar al niño.
10. No come mucho y se ha quedado muy ________________.

Nombre ______________________________ Fecha ____________

Palabras con fl y fr

Empareja las adivinanzas con su palabra correspondiente. Luego encierra en un círculo las sílabas con *fr* y *fl.*

1. Ellas adornan mi lindo jardín con sus bellos colores. Son las …	frac
2. Sirve para guardar cosas. Soy un …	flan
3. Soy un dulce blando y rico. Soy amarillo. Soy el …	flotador
4. Soy una fruta con forma de corazón y de color rosa. Soy una …	africano
5. Cuando los señores quieren ir muy elegantes, se visten conmigo. Soy un …	frasco
6. Los niños me usan cuando se meten en el mar. Soy un …	flores
7. Muchas chicas se dejan este pelo en la frente. Soy el …	fresa
8. Soy de África. Soy …	flequillo

Nombre ______________________________ Fecha ____________

Repasar palabras con *br, bl, gl, gr, pl, pr, fl* y *fr*

Di el nombre de cada dibujo. Busca las sílabas que faltan en el recuadro. Escríbelas.

flo	grú	pro	bri	plu	flau	bro	plan	gri	blio	fri	gru

1.  fá_____ca	**2.**  li_____	**3.**  bi_____teca
4. 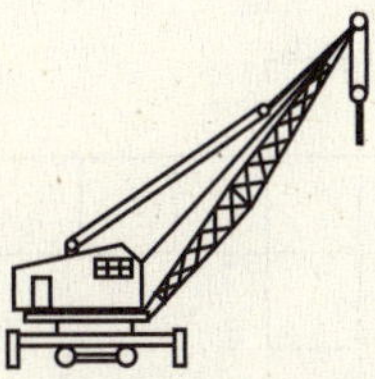 _____a	**5.** 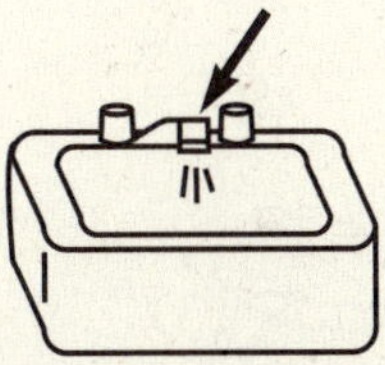 _____fo	**6.**  _____po
7.  _____ma	**8.**  _____fesora	**9.**  _____ta
10.  _____res	**11.** 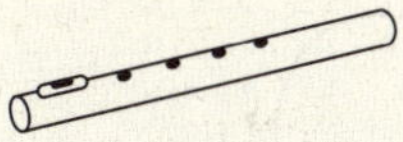 _____ta	**12.** 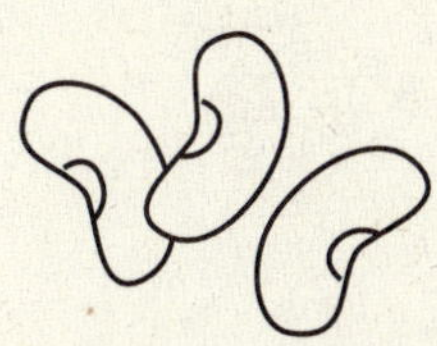 _____joles

Nombre ______________________________ Fecha ____________

Repasar palabras con *br, bl, gl, gr, pl, pr, fl* y *fr*

Di el nombre de cada dibujo. Busca su palabra correspondiente en el recuadro. Luego, escribe la palabra en el crucigrama.

bloque	globo	plato	fresa
grillo	presente	florero	brocha

Horizontal

3. 

5. 

7. 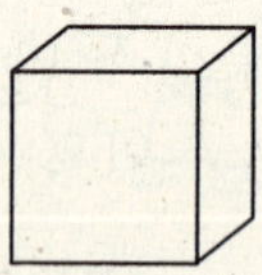

8. 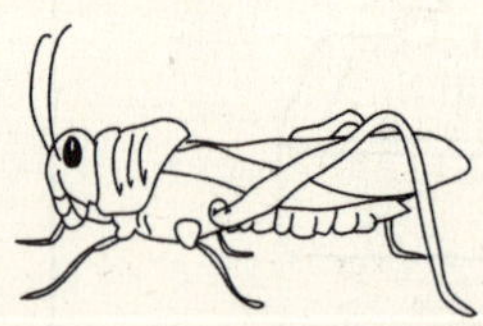

Vertical

1. 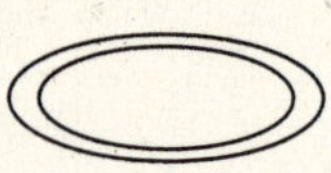

2. 

4. 

6 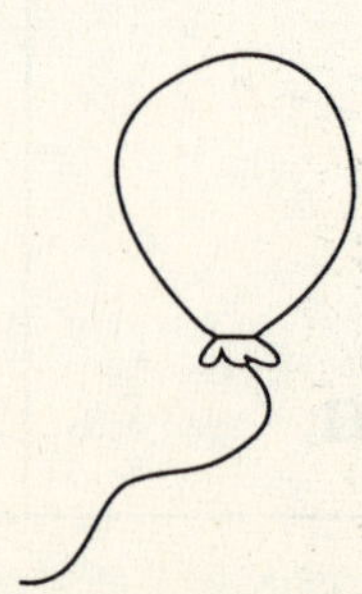

Nombre ______________________ Fecha __________

Repasar palabras con *br, bl, gl, gr, pl, pr, fl* y *fr*

Completa las oraciones con las palabras del recuadro.

gruñido	cofre	placa	flores	bruja
grabado	siglos	establo	preciado	broche

1. Érase una vez una ____________ que volaba en una escoba.
2. Como amuleto de la suerte, siempre llevaba un ____________ de brillantes prendido en la blusa.
3. Después de andar en su escoba, la guardaba en el ____________ con los caballos.
4. Un día cuando fue a buscar su escoba, se dio cuenta de que había algo ____________ en ella.
5. Dio un ____________ tan fuerte que hasta las grullas la oyeron.
6. Luego investigó y supo que era un grabado de hace ____________.
7. Aunque no le hizo gracia, llevó el ____________ grabado a un grupo de brujas.
8. Rompieron la escoba y pusieron el grabado en una ____________.
9. Adornaron la placa con cientos de ____________.
10. Ahora, una vez al año sacan la placa de un antiguo ____________.

/10

Nombre ______________________________ Fecha ____________

Repasar palabras con *br, bl, gl, gr, pl, pr, fl* y *fr*

Empareja las adivinanzas con su palabra correspondiente. Luego encierra en un círculo las sílabas con *br, bl, gl, gr, pl, pr, fl* y *fr*.

1. Quien gana se lleva esto.	muebles
2. Tenemos dos de éstos en el cuerpo.	premio
3. Cosas que decoran la casa.	plancha
4. La utilizamos para medir.	regla
5. Esta palabra se usa como medida de la temperatura.	brazos
6. Nos ayuda a dejar la ropa sin arrugas.	francés
7. Soy un instrumento de música largo y con agujeros.	grados
8. Soy de Francia.	flauta

Nombre ______________________________ Fecha ____________

Palabras con *dr* y *tr*

Encierra en un círculo los dibujos cuyos nombres tengan *dr* como en *drama.* Marca con una X los dibujos cuyos nombres tengan *tr* como en *trama.*

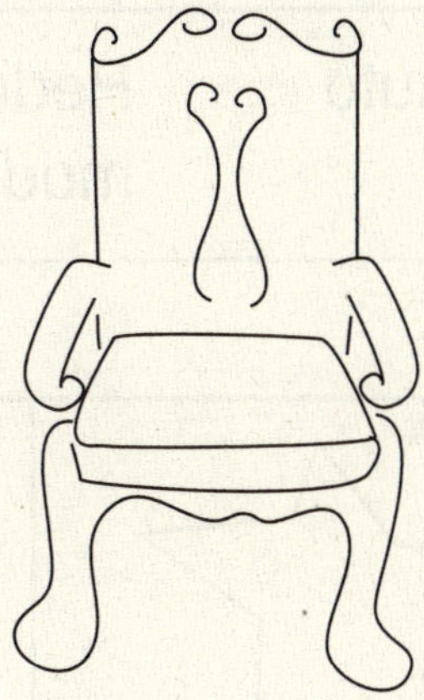

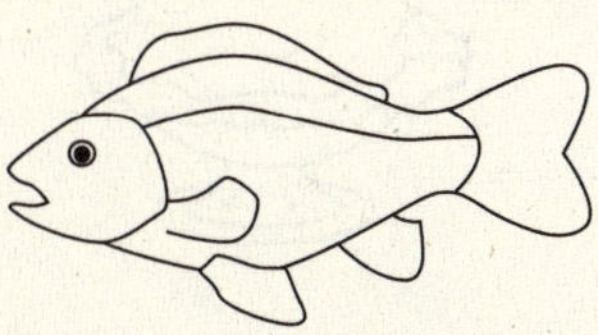

4

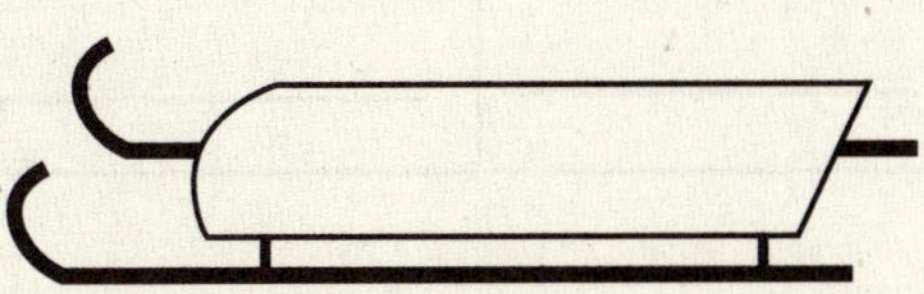

Nombre ______________________________ Fecha ____________

Palabras con *dr* y *tr*

Mira los dibujos. Luego escoge la palabra correcta del recuadro. Escribe la palabra.

astronauta	Pedro	tres	cuadrado	traje
estrella	madre	postre	trébol	

1.  ____________________

2.  ____________________

3.  ____________________

4.  ____________________

5. 3 ____________________

6.  ____________________

7.  ____________________

8.  ____________________

9.  ____________________

Nombre ______________________ Fecha ____________

Palabras con *dr* y *tr*

Completa las oraciones con las palabras del recuadro.

triple	dragón	truco	hojaldre	trino
Leandro	trabajo	padrastro	podrido	tropa

1. Oigo el ______________ de los pájaros desde mi ventana.
2. Este huevo está ______________ de pasar tanto tiempo fuera de la nevera.
3. Hay mucho ______________ por hacer en la oficina.
4. El saltarín dio un ______________ salto mortal.
5. Mi padre se llama ______________.
6. El mago me mostró un ______________ muy bueno.
7. El cuento es acerca de un ______________.
8. El pan de ______________ es mi preferido.
9. Mi ______________ me llevó al cine y a comer trucha.
10. La ______________ del general Gómez avanza rápido.

/10

Nombre ______________________ Fecha __________

Palabras con *dr* y *tr*

Empareja las adivinanzas con su palabra correspondiente. Luego encierra en un círculo las sílabas con *dr* y *tr.*

1. Cuando tienes que limpiar algo me tienes que utilizar. Soy un …	Adriático
2. Si montas a caballo, puedes ir a este paso. Soy el …	trote
3. Soy el nombre de un mar. Soy el mar …	madrugar
4. Cuando haces las cosas con intención, las haces así. Las haces …	traducir
5. Si quieres subir muy alto, has de hacer esto. Has de …	adrede
6. Levantarse muy temprano es …	trapo
7. Decir las cosas en un idioma y luego en otro.	piedra
8. Me encuentras en la tierra. Soy una …	trepar

Nombre ______________________________ Fecha ____________

Palabras con *x, w* y *k*

Encierra en un círculo los dibujos cuyos nombres tengan *x* como en *xilófono.* Subraya los dibujos cuyos nombres tengan *k* como en *kilo.* Marca con una X los dibujos cuyos nombres tengan *w* como en *Waldo.*

Nombre ______________________ Fecha __________

Identificar palabras con *x, w* y *k*

Empareja los dibujos con su palabra correspondiente. Luego, encierra en un círculo las sílabas con *x, w* y *k.*

1.  Kuwait

2. 

sexto

3. Wilfredo

4. boxeador

5. niños de kinder

6. pantalones kaki

7. tanque de oxígeno

8. sándwich

9. 6° saxofón

10. extinguidor

Nombre ______________________ Fecha __________

Palabras con *x, w* y *k*

Completa las oraciones con las palabras del recuadro.

xilófono	máximo	Washington	examen	kiwi
Axel	excursión	kilómetros	éxito	koala

1. El osito ______________ se llama Winnie.
2. ______________ D.C. es la capital de Estados Unidos.
3. Calixto toca muy bien el ______________.
4. El ______________ goleador gana la copa de oro.
5. El boxeador ha boxeado con ______________ hoy.
6. Hay catorce ______________ de aquí hasta ese pueblo.
7. El profesor nos dio un ______________ muy difícil de matemáticas.
8. Me encanta la fruta, sobre todo el ______________.
9. ______________ está comiendo un sándwich de salami.
10. Toda la clase se fue de ______________ a la pradera.

/10

Nombre ______________________ Fecha __________

Palabras con *x, w* y *k*

¿Cuál es? Escribe la respuesta.

saxofón	xilófono	Waldo
extinguidor	sándwich	kimono

1. ¿Cuál es el nombre del niño? ______________
2. ¿Cuál es típico de Japón? ______________
3. ¿Cuáles son instrumentos musicales? ______________
4. ¿Cuál es el que apaga el fuego? ______________
5. ¿Cuál nos podemos comer? ______________

Nombre ______________________________ Fecha ____________

Palabras con *cl* y *cr*

Encierra en un círculo el dibujo cuyo nombre contiene la sílaba del recuadro.

1. cli	
2. cre	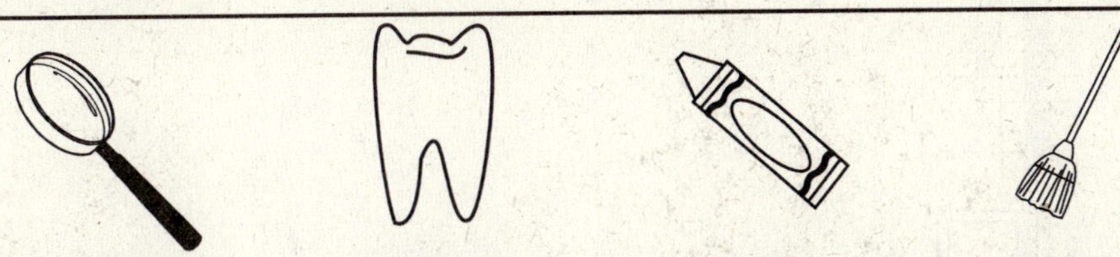
3. cla	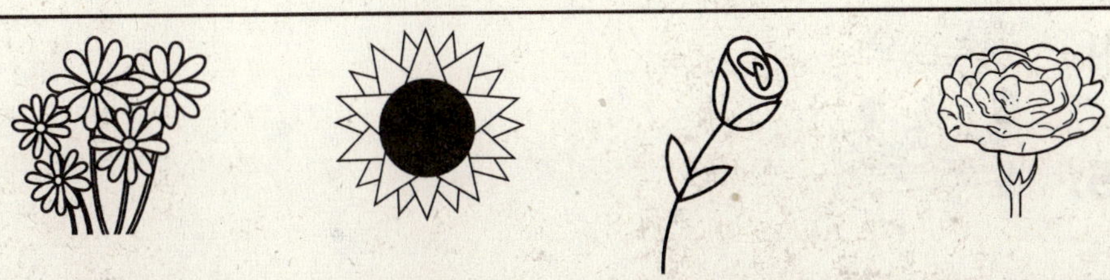
4. cle	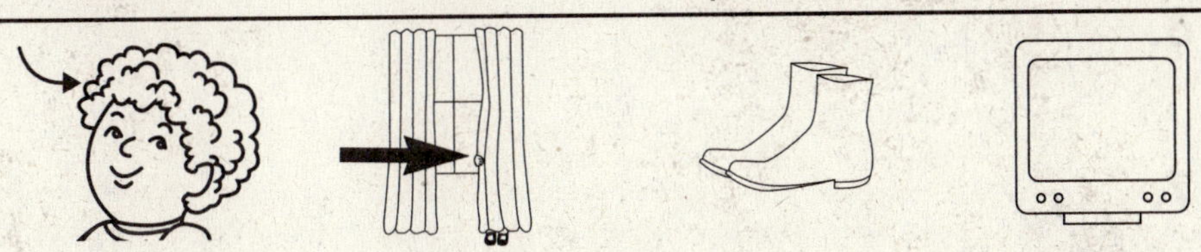
5. cru	

Nombre ____________________ Fecha __________

Identificar palabras con *cl* y *cr*

Empareja los dibujos con su palabra correspondiente. Luego, encierra en un círculo las sílabas con *cl* y *cr*.

1. 
2. 
3. 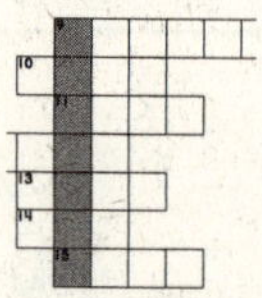
4. 
5. 
6. 
7. 
8. 
9. 
10. 

crucigrama

cronómetro

clavo

alacrán

clarinete

tecla

Cleo

cristal

clase

cresta

/20

Nombre ______________________ Fecha __________

Palabras con *cl* y *cr*

Completa las oraciones con las palabras del recuadro.

Clemente	crías	cloro	cruda	clima
crema	clara	clavel	crecido	cruzar

1. En primavera hace un ______________ estupendo.
2. La gata cuida a sus ______________ recién nacidas.
3. Me puso mucha ______________ en el pastel.
4. Este año he ______________ cuatro pulgadas.
5. El boxeador se llama ______________.
6. Echan demasiado ______________ en la piscina.
7. Mira el semáforo antes de ______________ la calle.
8. Me gusta la ______________ pero no la yema del huevo.
9. La carne está ______________.
10. El ______________ es una flor bonita.

Nombre ______________________ Fecha __________

Palabras con *cl* y *cr*

Encierra en un círculo la palabra que completa cada oración. Luego subraya las sílabas con *cl* y *cr.*

1. El chicle de ____________ es el que más me gusta.
   cloro cloaca clorofila

2. Nos fuimos en un ____________ por el mar de vacaciones.
   crucero cruz cruce

3. Siempre se me olvida escribir los signos de ____________.
   examinar exclamación examen

4. Vamos a comprar queso a la ____________.
   cremería criolla criatura

5. No entiendo este problema. ¿Me lo puedes ____________?
   aceptar aclarar asustar

6. Tienen ocho ____________ para cuidar la mansión.
   críticos cristal criados

7. En esta calle hay mucho tráfico y los autos no paran de tocar el ____________.
   clarinete clara claxon

8. Se me ha roto la ____________ de la falda.
   cremallera crespo crece

9. Para ir a la playa, en vez de zapatos, me pongo ____________.
   chalecos chanclas chamarras

10. Yo tengo el pelo liso y tú lo tienes ____________.
    crema cresta crespo

Nombre ______________________________ Fecha ____________

Acento en palabras terminadas en vocal, *n* y *s*

Escribe las letras que faltan y el acento.

á	ás	és	í	ú
án	é	ón	ín	ús

1.  cami ____	**2.**  champ ____
3. 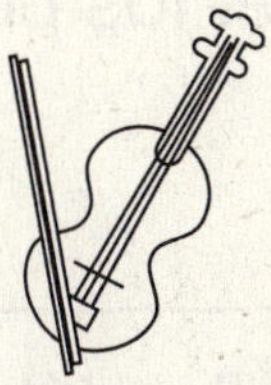 viol ____	**4.** 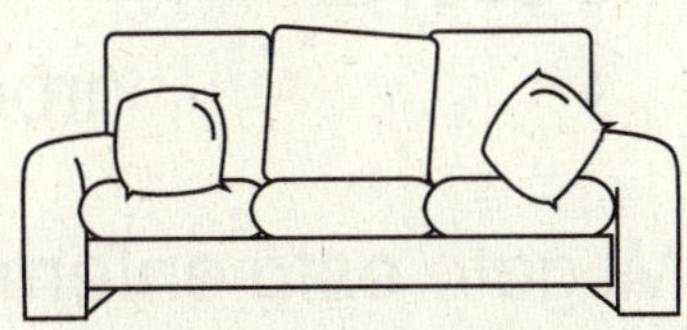 sof ____
5.  caim ____	**6.**  beb ____
7.  jabal ____	**8.**  Andr ____
9. 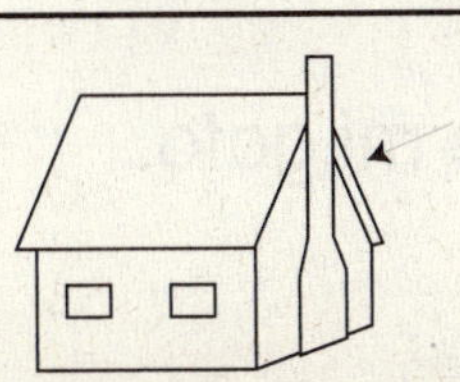 atr ____	**10.**  autob ____

Nombre ______________________ Fecha ______________

Acento en palabras llanas

Escribe la palabra correcta que completa la oración.

1. Mi prima tiene buen ______________.
   carácter caractér

2. Pongo esta foto en mi ______________ de fotos.
   albúm álbum

3. Mi papá se llama ______________.
   Víctor Victór

4. Me subí al ______________ para ver los pajaritos.
   arból árbol

5. Mi gato está enfermo y está muy ______________.
   debíl débil

6. La piña en ______________ me gusta mucho.
   álmibar almíbar

7. Escribimos ______________ en el paquete para que no lo dañaran. frágil fragíl

8. El flan lleva mucha ______________ para que sea dulce. ázucar azúcar

9. Llegamos hasta el ______________ del volcán.
   cratér cráter

10. ______________ es el nombre de mi gato.
    Felíx Félix

Nombre ______________________ Fecha __________

Acento en palabras esdrújulas

Completa las oraciones con las palabras del recuadro. Escribe el acento en las palabras.

máscara	órgano	máquina	fábrica	hipopótamo
clínica	pájaro	cámara	helicóptero	armónica

1. Tenemos una ______________ de escribir antigua.
2. Hicimos un viaje en ______________ en Canadá.
3. Mi perro se puso enfermo y lo llevamos a la ______________ de animales.
4. Hice una ______________ para la fiesta de disfraces.
5. Visitamos la ______________ de autos de Detroit.
6. En el concierto, la banda tocó el ______________.
7. La ______________ es un instrumento musical pequeño.
8. El ______________ puso tres huevos.
9. El ______________ se puede ver en el zoológico.
10. Hice muchas fotos con mi nueva ______________.

/10

Nombre ______________________________ Fecha ____________

Acento ortográfico

Empareja las adivinanzas con su palabra correspondiente. Luego encierra en un círculo las sílabas con acento.

1. Vuelo como un pájaro y llevo a personas. Soy un …	avión colchón
2. Nací en Japón y vivo allí. Soy …	japonés francés
3. Soy blandito y soy de papa. Me puedes comer. Soy el …	pasé puré
4. Soy transparente y no me ves. Me necesitas para vivir. Soy el …	oxígeno órgano
5. Soy un nombre de chico. Me llamo …	Óscar Olga

Nombre ______________________ Fecha __________

Repasar palabras con *dr*, *tr*, *x*, *w*, *k*, *cl* y *cr;* y el acento ortográfico

Busca las sílabas que faltan en el recuadro. Escríbelas.

cla	tra	ki	wich	tru	cre	xe	dro	yón	cru

1. 
____ je

2. 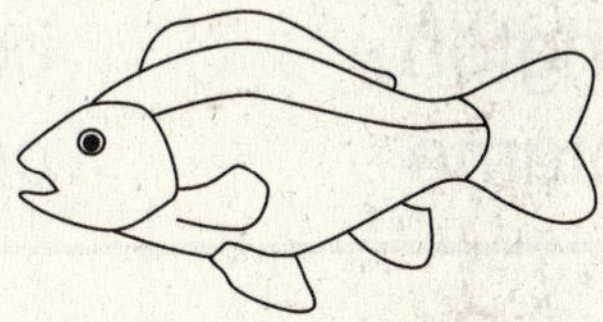
____ cha

3. 
____ medario

4. 
bo ____ ador

5. 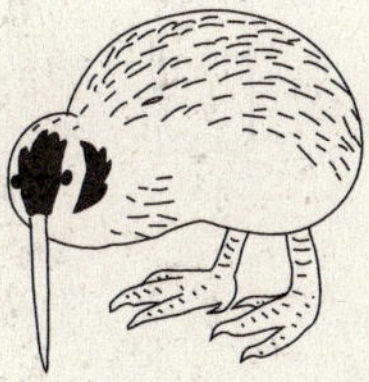
____ wi

6. 
sánd ____

7. 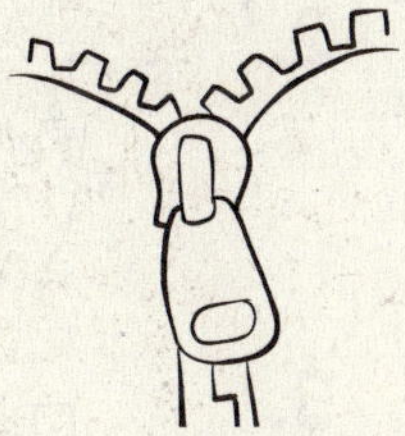
____ mallera

8. 
____ se

9. 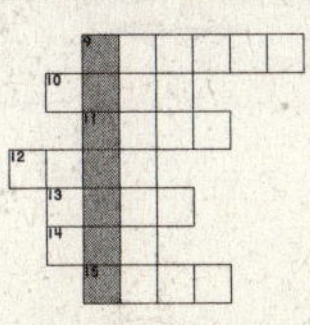
____ cigrama

10. 
cre____

Nombre ______________________ Fecha ____________

Repasar palabras con *dr*, *tr*, *x*, *w*, *k*, *cl* y *cr;* y el acento ortográfico

Di el nombre de cada dibujo. Busca su palabra correspondiente en el recuadro. Luego, escribe la palabra en el crucigrama.

Washington	colchón	trompeta	taxi
hipopótamo	cresta	dragón	clara

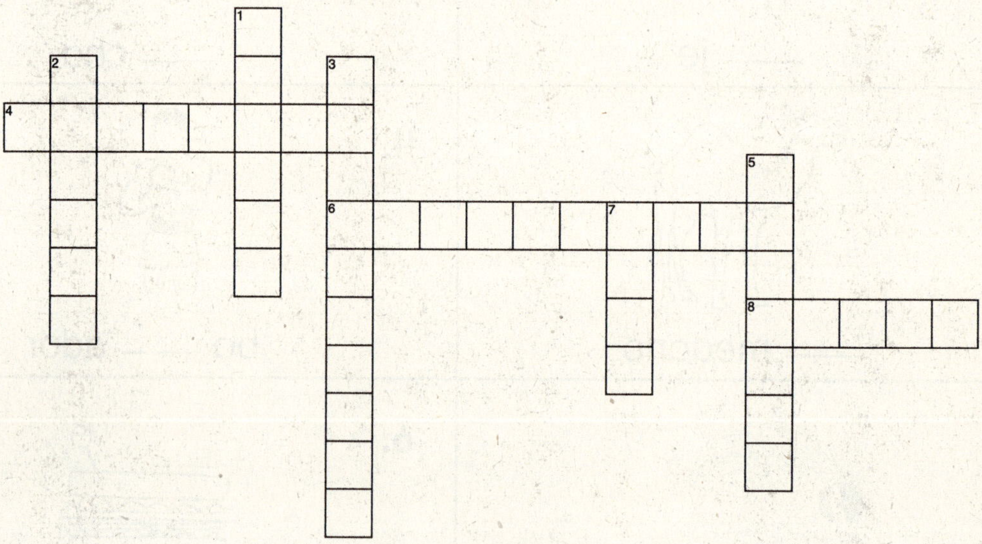

Horizontal

4. 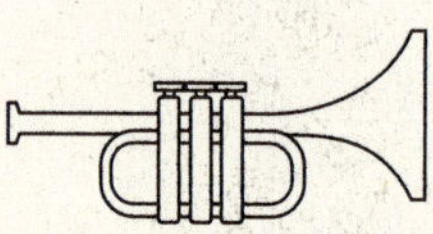

6. 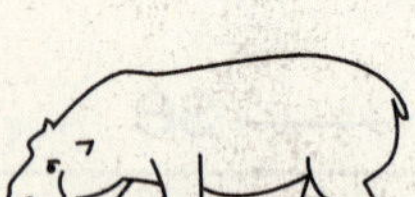

8. 

Vertical

1. 

2. 

3. 

5. 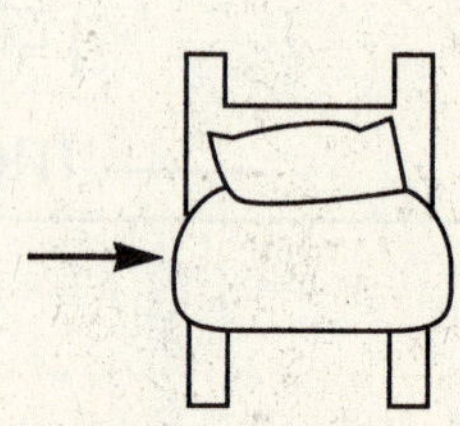

7. 

Nombre ______________________ Fecha ____________

Repasar palabras con *dr*, *tr*, *x*, *w*, *k*, *cl* y *cr;* y el acento ortográfico

Completa las oraciones con las palabras del recuadro.

kilómetros	astros	camión	saxofón	atrás
madrugaban	teclas	oxígeno	cristal	astronautas

1. A la luna subieron tres ______________.

2. Desde su cohete vieron ______________ y estrellas.

3. Daba igual si ______________ o no porque siempre estaba oscuro.

4. Para entretenerse en su viaje a la luna, uno de ellos tocaba el ______________.

5. Siempre tenían que controlar el nivel de ______________ en el cohete.

6. Recorrieron miles y miles de ______________ hasta llegar a la luna.

7. El mando de control estaba lleno de ______________ y botones.

8. A través del ______________ veían un espectáculo maravilloso; todo era nuevo para ellos.

9. Cuando dejaron ______________ la luna para regresar a la Tierra, se sintieron tristes.

10. Al pisar tierra, un ______________ los esperaba para llevarlos a su casa.

/10

Nombre ______________________ Fecha ____________

Repasar palabras con *dr, tr, x, w, k, cl y cr;* y el acento ortográfico

Empareja las adivinanzas con su palabra correspondiente. Luego encierra en un círculo las sílabas con *dr, tr, x, w, k, cl y cr* y las que tengan acento.

1. Se usa para jugar en la nieve.
2. Tiene cuatro esquinas.
3. Vendo periódicos.
4. Voy después del quinto.
5. Sirvo para saber el tiempo exacto.
6. Soy lo contrario de oscura.
7. Soy un animal con pico y plumas.
8. Tomo fotos.

clara
kiosco
cámara
sexto
cuadrado
cronómetro
pájaro
trineo